Temi
210

Serge Latouche

Come si esce dalla società dei consumi

Corsi e percorsi della decrescita

Bollati Boringhieri

Prima edizione febbraio 2011

Titolo originale *Pour sortir de la société de consommation. Voix et voies de la décroissance*

Traduzione di Fabrizio Grillenzoni

Torino, corso Vittorio Emanuele II, 86
Gruppo editoriale Mauri Spagnol

ISBN 978-88-339-2211-9

Schema grafico della copertina di Pierluigi Cerri

www.bollatiboringhieri.it

Stampato in Italia da Grafica Veneta S.p.A. di Trebaseleghe (PD)

Indice

7 *Prefazione*

Come si esce dalla società dei consumi

13 Introduzione. Il risveglio degli amerindi: un'altra via e un'altra voce

Parte prima Uscire dal vicolo cieco

33 1. La catastrofe produttivista

Cronaca di una catastrofe annunciata, 36 Le cause: il totalitarismo produttivista, 40 Conclusione, 43

45 2. Ci sarà vita dopo lo sviluppo?

La rottura delle parole. Decolonizzare l'immaginario!, 46
La rottura delle cose. Uscire dal delirio produttivista, 51
Appendice. Sulla traduzione della parola *décroissance*, 60

Parte seconda La via della felicità. Uscire dall'economia

69 3. Spirito del dono, economia della felicità e decrescita

Lo spirito del dono e la società della decrescita, 71
L'economia della felicità e la decrescita, 76 Conclusione, 85

87 4. La decrescita è la buona notizia di Ivan Illich?

I temi «decrescenti» del pensiero di Illich/Dupuy, 89
La paternità contestata, 101 Conclusione, 107

110 5. La sfida dell'educazione alla decrescita

Il paradosso del diritto all'educazione per tutti, 113 Come avviene l'educazione?, 115 Resistere all'Assurdistan, 119

Parte terza Altre voci e altre vie

130 6. Castoriadis, pensatore della decrescita. Megamacchina, sviluppo e società autonoma

Decrescita, autonomia e democrazia ecologica, 131
La decolonizzazione dell'immaginario e la realizzazione della società della decrescita, 137

149 7. Utopia mediterranea e decrescita

Il mito della via mediterranea, 150 La decrescita, un progetto mediterraneo?, 154 Conclusione, 157

Parte quarta Una via di uscita

165 8. La decrescita è la soluzione alla crisi?

L'opportunità della crisi, 168 Cambiare il software. Una pista per il futuro, 174

182 Conclusione. Il Tao della decrescita

193 Bibliografia

Prefazione

«Perché dovrei preoccuparmi dei posteri?» diceva Marx (non Karl, Groucho). «I posteri si sono mai preoccupati di me?» Effettivamente, si può pensare che il futuro non merita lo sforzo per assicurarsi che arrivi, e che è meglio farla finita prima possibile con il petrolio e le risorse naturali piuttosto che avvelenarsi l'esistenza per farne un uso avveduto. Questo punto di vista è sempre stato abbastanza diffuso tra le élite, e la cosa si può capire, ma oggi si riscontra implicitamente anche in moltissime persone comuni. In altre parole, come scrive Nicholas Georgescu-Roegen, «forse il destino dell'uomo è di avere una vita breve ma febbrile, eccentrica ed eccitante, piuttosto che un'esistenza lunga, vegetativa e monotona».[1] Interrogativo legittimo. Bisognerebbe però che la vita dei sovraconsumatori moderni fosse veramente eccitante e che, *a contrario*, la sobrietà fosse incompatibile con la felicità, o almeno con una certa esuberanza gioiosa. E invece... Come dice molto bene Richard Heimberg: «È stata una festa straordinaria. La maggioranza di noi, almeno quelli che hanno vissuto nei paesi industrializzati, non hanno conosciuto la fame, hanno potuto disporre di acqua calda e fredda dal rubinetto, di macchine che permettevano di

[1] Georgescu-Roegen, *La décroissance*, p. 149.

spostarsi rapidamente da un posto all'altro, e di altre macchine per lavare i vestiti, per divertirsi e informarsi, e per altro ancora». E poi? Oggi che abbiamo esaurito la dote patrimoniale, «dobbiamo continuare a crogiolarci fino alla triste fine, e trascinare il resto del mondo nella caduta? Oppure bisogna riconoscere che la festa è finita, fare pulizia e preparare la terra per quelli che verranno dopo di noi?»[2]

Si può giustificare l'incuria nei confronti del futuro con tutta una serie di ragioni non necessariamente egoistiche. Se si pensa, come il filosofo Arthur Schopenhauer, e più ancora come il nostro contemporaneo pessimista Emil Cioran, che la vita è un affare che non si paga le spese, è quasi una forma di altruismo risparmiare ai nostri nipoti il male di vivere. In questo caso, è una perdita di tempo continuare a leggere questo libro. La fine prevedibile della società dei consumi sarà la fine della storia e dell'avventura umana. Inutile cercare vie per uscire dal vicolo cieco in cui siamo bloccati o ascoltare la voce della speranza per costruire un «dopo» della crescita, dello sviluppo, della modernità e dell'Occidente. Continuiamo a ingozzarci nella grande abbuffata del consumismo fino a crepare e andiamo a raggiungere quelli che già crepano di inedia, vittime della nostra dismisura.

La via della decrescita è un'altra, e si fonda sul postulato opposto, condiviso dalla maggioranza delle culture non occidentali: per misteriosa che sia, la vita è un dono meraviglioso. È vero, l'uomo ha la facoltà di trasformarla in un dono avvelenato e, dall'avvento del capitalismo, non ha fatto altro che esercitare una tale facoltà. Tuttavia, arrivati in fondo al vicolo cieco, non è troppo tardi per fare marcia indietro e cercare una via d'uscita praticabile, guidata da voci diverse da quelle del pensiero unico e dei discorsi progressisti dell'economia e della tecnica. In

[2] Heinberg, *Pétrole, la fête est finie!*, p. 330.

questo quadro, la decrescita è una sfida e una scommessa. Una sfida alle credenze più radicate, in quanto questo slogan rappresenta una insopportabile provocazione e una bestemmia per gli idolatri del progresso e dello sviluppo. Una scommessa, perché, per quanto necessaria sia, niente è meno sicuro della realizzazione del progetto di una società autonoma di sobrietà. E tuttavia, la sfida merita di essere raccolta e la scommessa di essere accettata. La via della decrescita è quella della resistenza al rullo compressore dell'occidentalizzazione del mondo, del dissenso nei confronti del totalitarismo rampante della società dei consumi globalizzata. Se gli obiettori di crescita si organizzano per la battaglia e, insieme agli amerindi, scendono sul sentiero di guerra, possono opporsi al terrorismo della *cosmocrazia* e dell'oligarchia politica con mezzi possibilmente pacifici: non-violenza, disobbedienza civile, defezione, boicottaggio e, ovviamente, le armi della critica.

Questo libro riunisce una serie di contributi successivi alla pubblicazione dei miei due volumi *La scommessa della decrescita* (2006) e *Breve trattato sulla decrescita serena* (2007), che esplorano la possibilità della costruzione di una civiltà di sobrietà liberamente scelta e di autolimitazione, in grado di far uscire dal vicolo cieco della società della crescita. Per piccoli tocchi, come in un quadro impressionista, ne esce una composizione d'insieme, una tonalità comune, un ethos.

Dopo una introduzione intitolata *Il risveglio degli amerindi*, che presenta un'altra voce, quella degli indigeni dell'America centrale e meridionale, e un'altra via, quella del *Sumak Kausai* (il «ben-vivere» in quechua), che si avvicina a una decrescita in atto, la prima parte del libro, *Uscire dall'impasse*, cerca di individuare un futuro possibile al di là della catastrofe produttivista e della fine dello sviluppo. La seconda parte, *La via della felicità. Uscire dall'economia*, prende in esame l'economia della felicità e lo spirito del dono proposti da alcuni economisti per rimediare alla miseria del presente. La conclusione cui arriva è quella della necessità di una fuoriuscita più radicale dall'economia, in un quadro di decrescita preparata da una nuova educazione, secondo l'attualizzazione del messaggio di Ivan Illich. La terza parte, *Altre voci e altre vie*, esplora le intuizioni feconde del filosofo Cornelius Castoriadis, insostituibile precursore della decrescita, e si interroga sulla possibilità di una via mediterranea che vada nella direzione da lui indicata. La quarta e ultima parte, *Una via d'uscita*, propone semplicemente di approfittare della crisi per superarla in modo positivo costruendo una società di opulenza frugale della decrescita. Tutti questi contributi convergono a delineare il Tao della decrescita, una via che rappresenta al tempo stesso e in modo indissociabile un'etica e un progetto politico, e che apre una pluralità di percorsi possibili per uscire dall'impasse economica.

Desidero ringraziare in particolare l'amico editore Henri Trubert, che mi ha accompagnato nella redazione di questo libro e la cui lettura esigente mi ha obbligato a esplicitare le mie argomentazioni, spesso troppo allusive. Il mio grazie va anche a tutti gli «obiettori di crescita» del giornale «La Décroissance», della rivista «Entropia» e dei diversi movimenti di decrescita, che hanno stimolato la mia riflessione. Un grazie agli amici Christian Araud, Jean Aubin, Jérôme Baschet, Sophie Cathala, Didier Harpagès e Bernard Legros, che hanno avuto la pazienza di rileggere interamente o in parte l'una o l'altra versione di quanto andavo scrivendo e mi hanno aiutato con correzioni, suggerimenti e osservazioni. A loro va una parte degli eventuali meriti di questo libro, dei cui difetti, ovviamente, secondo la formula di rito, rimango il solo responsabile.

Come si esce dalla società dei consumi

Tentiamo di raggiungere tutte le fibre intime della terra e viviamo sopra le cavità che vi abbiamo prodotto, meravigliandoci che talvolta essa si spalanchi o si metta a tremare, come se, in verità, non potesse esprimersi così l'indignazione della nostra sacra genitrice. [...]
Fra tutti gli oggetti della nostra ricerca pochissimi sono destinati a produrre rimedi medicinali: quanti sono infatti quelli che scavano avendo come scopo la medicina? Anche questa tuttavia la terra ci fornisce alla sua superficie, come ci fornisce i cereali, essa è generosa in tutto ciò che ci è di giovamento. Le cose che ci rovinano e ci conducono agli inferi sono quelle che essa ha nascosto nel suo seno, cose che non si generano in un momento: per cui la nostra mente, proiettandosi nel vuoto, considera quando mai si finirà, nel corso dei secoli tutti, di esaurirla, fin dove potrà penetrare la nostra avidità. Quanto innocente, quanto felice, anzi perfino raffinata sarebbe la nostra vita, se non altrove volgesse le sue brame, ma solo a ciò che si trova sulla superficie terrestre, solo – in breve – a ciò che le sta accanto!

Plinio il Vecchio, *Storia naturale*, 33, 1-3

a K. M.

AVVERTENZA

I dati bibliografici completi degli scritti citati nel corso del testo in forma sommaria, con il solo nome dell'autore e il titolo (talora abbreviato), si trovano nella Bibliografia alla fine del volume. Qui sono segnalate anche le traduzioni italiane disponibili.

Introduzione

Il risveglio degli amerindi: un'altra via e un'altra voce

> È solo questione di tempo prima che arrivi quella
> che gli occidentali chiamano «catastrofe media
> di proporzioni globali». Allora il ruolo dei popoli
> amerindi, di tutti gli esseri vicini
> alla natura, sarà quello di sopravvivere.
>
> Russell Means, capo oglala lakota[1]

> Insomma, noi indigeni non apparteniamo allo
> ieri, apparteniamo al domani.
>
> Dichiarazione zapatista, 12 marzo 2001[2]

Si pensava che fossero morti, scomparsi per sempre dalla scena della storia, tra il genocidio dei conquistadores, le pandemie provocate dai primi contatti con microbi sconosciuti nel Nuovo Mondo e i massacri dei cowboy cacciatori di taglie. In realtà si sapeva che un genocidio «a bassa intensità» continuava nel nord e nel sud delle Americhe, quando veniva trovato il petrolio nelle riserve o l'oro nei parchi naturali, quando si voleva costruire una diga idroelettrica demenziale, o più semplicemente estendere le superfici coltivate a soia per sviluppare il settore degli agrocarburanti. Per i nativi amerindi, dagli algonchini e uroni del Nord Quebec ai mapuche del Cile meridionale, le pressioni, la resistenza e le repressioni non finiscono mai. Di tanto in tanto, da Benito Juárez (1806-1872) a Hugo Chávez, un leader mezzosangue, meticcio, caboclo, insomma un creolo inquietante malgrado una forte acculturazione, viene a testimoniare dell'esistenza di metissaggi irreversibili in cui apparentemente si sono dissolti e perduti gli ultimi geni degli amerindi. Ma nel com-

[1] Means, *Toujours la même rengaine*, p. 71.
[2] Citato in Baschet, *La rébellion zapatiste*, p. 191.

plesso gli indiani, un tempo *bravos*, cioè feroci, sono tutti, o quasi, diventati «buoni», cioè morti. Tutt'al più, alcuni superstiti delle guerre indiane, confinati nelle loro riserve o nei parchi naturali, possono fare le comparse nei film western o nutrire l'esotismo e la nostalgia dei bianchi ricchi nei circuiti turistici etnoantropologici in Amazzonia, vendendo souvenir e a volte prestazioni sessuali.

Sono rari quelli che hanno preso sul serio l'antropologo Robert Jaulin, che, ai suoi tempi, ci avvertiva del fatto che il Sud America non era popolato di «latinos» ma di «ladinos».[3] L'esistenza di una rappresentanza mondiale dei «popoli autoctoni» (comunque sia 350 milioni di individui), timidamente riconosciuta dall'Onu ma sprovvista di qualsiasi potere, non cambia la sostanza della situazione. Ed ecco che dalle giungle del Chiapas, a ovest dello Yucatán, arriva una notizia incredibile, fortemente mediatizzata: la notte del 1° gennaio 1994 un esercito indigeno composto di autentici maya occupa sette città della regione, guidato da un meticcio, il mitico subcomandante Marcos, e tiene in scacco il governo messicano. Per di più, i ribelli creano delle comunità autonome, fondano l'Università della Terra (uno dei cui centri è dedicato a Ivan Illich) a San Cristóbal de las Casas, l'antica capitale coloniale, progettano di introdurre una moneta parallela e costruiscono qualcosa che si avvicina a una società della decrescita.[4] Poi si viene a sapere che la Bolivia ha appena eletto un presidente indiano, e per di più piantatore di coca, Evo Morales, e che l'Ecuador, con Rafael Correa, meticcio di lingua quechua, portato al potere dai movimenti indigeni, tenta di creare nuovi rapporti con la ter-

[3] In origine, il termine «ladino» indica la lingua parlata dagli ebrei di Spagna. In Sud America la parola è entrata in uso per indicare con disprezzo le persone che non discendono dai coloni europei. In Messico indica soprattutto i meticci, in opposizione agli indiani.

[4] Il Caracol I, a La Realidad, ha inventato la Banpaz (Banca popolare autonoma zapatista).

ra madre.[5] Chiaramente, questa rinascita indiana ha un'eco in tutto il continente e rafforza la determinazione dei mapuche del Cile o degli indiani dell'Amazzonia peruviana a difendere i loro diritti e a lottare contro i progetti di sviluppo etnocidi.

Il Chiapas, una regione grande quanto il Belgio, si organizza in *municipios autonomos rebeldes zapatistas* («comunità autonome»). Nell'agosto 2003, quando i media hanno ormai dimenticato questa ribellione e guardano altrove, vengono costituiti i cinque «consigli di buon governo» (*juntas de buen gobierno*) che siedono ciascuno in un Caracol (letteralmente «lumaca»), centro politico-culturale che organizza la vita di milioni di indiani tzeltal, tzotzil, chol, tojolabal, mame, zoque, oltre a famiglie non indigene. Dall'11 al 14 ottobre 2007, a Vicam, nello stato di Sonora (Messico), si sono ritrovati fianco a fianco indiani di sessantasei popoli venuti da dodici paesi d'America. Non era la prima riunione di questo genere, ma era la prima volta da cinque secoli che i popoli indigeni si riunivano in un territorio sotto il loro controllo.

Evo Morales fonda nel 2008 la prima Università dei saperi indigeni. La nuova Costituzione di cui si dota l'Ecuador il 28 settembre dello stesso anno si pone come obiettivo non il più alto Pil pro capite possibile, ma il raggiungimento dell'ideale indigeno del *sumak kausai*, espressione che in quechua significa «ben vivere». L'articolo 275 precisa che quell'espressione si riferisce a «l'insieme organizzato, durevole e dinamico dei sistemi economici, politici, socioculturali e ambientali». In Ecuador e in Bolivia la

[5] Rafael Correa ha passato un anno in una comunità indigena della provincia di Cotopaxi. Ha ricevuto il bastone del comando da un gruppo di ventimila indiani amazzonici nel corso di una cerimonia a Zumbahua ed è stato proclamato «primo presidente indigeno dell'Ecuador». Tuttavia oggi, cosa molto preoccupante, i rapporti con la Conaie (la confederazione delle nazioni indigene dell'Ecuador) si sono deteriorati sulla questione dello sfruttamento delle risorse minerarie.

natura è stata riconosciuta come soggetto di diritto, con grande scorno delle compagnie minerarie straniere che mirano allo sfruttamento delle «ricchezze naturali». L'articolo 71 della Costituzione ecuadoriana stabilisce: «La natura, o Pachamama, il luogo dove la vita si realizza e si riproduce, ha diritto al rispetto della sua esistenza, così come al mantenimento e alla rigenerazione dei suoi cicli vitali, delle sue strutture e funzioni e dei suoi processi evolutivi». L'acqua è dichiarata bene comune, elemento vitale per la natura e per gli esseri umani. Di conseguenza costituisce un patrimonio inalienabile, accessibile a tutti, e non può essere privatizzata. Questi principi sono stati ripresi sinteticamente da Evo Morales nei suoi «dieci comandamenti» esposti al terzo Forum sociale delle Americhe. Tutto ciò deriva dalla concezione indigena, come ricorda il boliviano Oscar Olivera: «L'acqua proviene da Wirakocha, il dio creatore dell'universo, che feconda la Pachamama (Madre Tierra) e permette la nascita della vita».[6] Lo stesso vale per la terra e la biodiversità. In questo modo la concezione industrialista e predatrice della guerra contro la natura viene abbandonata a vantaggio della ricerca dell'autonomia, della sovranità alimentare ed energetica, nel rispetto dell'equilibrio ecologico. Il governo ecuadoriano ha anche lanciato un'iniziativa che può apparire provocatoria: quella di chiedere ai paesi ricchi di finanziare il non sfruttamento del petrolio compensando le perdite economiche. Coerente con la lotta contro il cambiamento climatico, questa iniziativa finora ha ottenuto un'accoglienza favorevole soltanto da parte della Germania.

Da questi orientamenti traspare in qualche modo la filosofia indigena, che rifiuta la dicotomia tra natura e cultura a vantaggio della loro continuità,[7] e in questo modo

[6] Yaku, *La rivoluzione dell'acqua*, p. 25.

[7] Si veda in proposito Descola, *Par-delà nature et culture*, e Singleton, *Un antropologue entre la nature et la culture*.

comincia a farsi sentire un'altra voce. Il rifiuto dello sviluppo di tipo occidentale e il riconoscimento dei valori delle società indiane tradizionali sono una prima tappa verso la decolonizzazione dell'immaginario e un primo passo sulla via dell'uscita dall'imperialismo dell'economia.

Sicuramente, l'America Latina, da Simón Bolívar a Ernesto «Che» Guevara, passando per Emiliano Zapata, Pancho Villa, Luís Carlos Prestes e molti altri, ha una lunga tradizione rivoluzionaria. Tuttavia, nei casi descritti abbiamo a che fare con qualcosa di sostanzialmente diverso. In quanto africanista, non mi sono mai sentito del tutto a mio agio con il vecchio terzomondismo latinoamericano. Il mio primo contatto con il subcontinente è avvenuto soltanto nel 2002, al secondo Forum sociale mondiale di Porto Alegre. Il fatto che in quell'occasione la critica dello sviluppo fosse completamente marginalizzata a favore del pathos antimperialista (cosa che peraltro si è ripetuta in quasi tutti i forum sociali altermondisti) non ha certo migliorato le cose. Questi consessi eterogenei, per quanto assai simpatici, sono molto problematici. È lecito nutrire dubbi sull'esistenza, la consistenza e la pertinenza del loro punto di riferimento fondamentale: la «società civile mondiale». Quella che spesso viene chiamata «l'Internazionale dei cittadini»[8] è un coacervo di Ong del Nord, del Sud e (in misura minore) dell'Est. E il fatto rimane, per quanto si possano vantare le 2800 organizzazioni rappresentate a Porto Alegre nel 2002 , i 50 000 delegati presenti ecc. «Gli antropologhi – nota Mike Singleton – che non si sono limitati a osservare da lontano, ma hanno partecipato da vicino alle manifestazioni complesse e contraddittorie delle dinamiche della società cosiddetta civile, sono meno propensi dei teorici entusiasti o dei politici opportunisti a vedervi una panacea o un'ultima boa di salvataggio in un mondo di globa-

[8] Morin, *Porto Alegre*.

lizzazione sempre più immonda».[9] I forum cosiddetti mondiali, anche se si svolgono nel Sud, sono soprattutto cosa nostra (di contestatori del Nord) e di qualche interlocutore del Sud accuratamente selezionato – più o meno un nostro rispecchiamento o un nostro complice, a cui si offre il biglietto d'aereo.

Questo comunque non toglie nulla alla portata del fenomeno. È fondamentale che la globalizzazione, che costituisce la punta avanzata dell'occidentalizzazione del mondo, venga contestata dagli occidentali e dagli occidentalizzati. Così come è estremamente importante che ci siano dei «traghettatori» e delle passerelle tra le società schiacciate del Sud e gli occidentali contestatori del Nord, pur tenendo presente che il rischio di frode e di impostura è grande. I nostri «partner» africani sono nella maggioranza dei casi quei «laureati disoccupati» riconvertiti nel business delle Ong che Jean-Pierre Olivier de Sardan definisce in modo molto appropriato «sensali dello sviluppo».[10] I punti di riferimento invocati – i movimenti di contadini senza terra, gli indiani del Chiapas e il subcomandante Marcos, il movimento Chipko ecc. – sono importanti, ma vanno trattati con prudenza. Quanto ai riferimenti teorici, come Amartya Sen, Mohamed Yunun o Vandana Shiva, sono alibi prodotti dalle università occidentali, la cui autenticità resta tutta da valutare.[11] Bisogna essere anche consapevoli del fatto che la

[9] Singleton, *Patrimoine (in)humain?*, p. 126.

[10] Olivier de Sardan, *L'économie morale de la corruption en Afrique*.

[11] L'onestà e la sincerità di questi autori non è in discussione, e la risposta all'interrogativo posto rimane aperta. Senza dubbio bisogna accogliere favorevolmente anche il tentativo di Aminata Traoré di sviluppare in Africa una presa di coscienza dei pericoli della globalizzazione. Comunque sia, malgrado nel 2002 si sia tenuto un Forum sociale africano a Bamako, la stessa autrice riconosce «la mobilitazione molto debole della società civile africana nella lotta contro l'ordine neoliberale» (*Le viol de l'imaginaire*). Nel 2002 la presenza africana a Porto Alegre era altrettanto modesta che nell'anno precedente (una quarantina di africani e africane su 16 000 partecipanti).

contestazione islamista, di cui è protagonista, con maggiore o minore vigore, il miliardo di musulmani del pianeta, è finora del tutto assente da questi dibattiti, come sono assenti la quasi totalità del continente africano e larga parte dell'Asia, in particolare la Cina. Quello dell'America Latina è un caso a parte e non esente da ambiguità, se si pensa da una parte all'importanza data ai partiti rivoluzionari «da operetta» e dall'altra al ruolo folcloristico assegnato ai popoli indigeni a Porto Alegre. Bisogna riconoscere che molte vittime della globalizzazione non sono interessate da queste *querelles* di «bianchi». Non si sentono veramente coinvolte, e i loro progetti di sopravvivenza o di resistenza, quando esistono, non rientrano nei nostri schemi mentali. E d'altronde il movimento altermondista, «movimento dei movimenti»,[12] non è sopravvissuto al disfacimento delle sinistre europee, alle incoerenze delle estreme sinistre, così come all'esercizio del potere da parte del suo principale rappresentante latino-americano, Luiz Inácio Lula da Silva.

In Africa la lotta rivoluzionaria, anticoloniale e antimperialista era abbastanza semplice. Il Bianco era l'oppressore, il Nero l'oppresso. In America Latina le cose invece sono molto più complesse. Qui sono stati i coloni bianchi ad alzare la bandiera della rivolta contro il colonizzatore spagnolo, e il Brasile ha rotto i legami con la metropoli, il Portogallo, e ha deposto l'imperatore per diventare una repubblica schiavista. Giuseppe Garibaldi, il rivoluzionario di professione e l'eroe dei due mondi, nelle sue *Memorie* racconta con la massima indifferenza (ovviamente bisogna contestualizzare le sue parole) lo sterminio da parte dei suoi amici, i coloni in rivolta contro la corona di Spagna, degli ultimi charrúa, gli *indios bravos* della pampa uruguayana. Si trattava di selvaggi ostili all'avanzata

[12] Come si compiaceva di definirlo Fausto Bertinotti, capo carismatico di Rifondazione comunista fino al crollo del partito.

della civiltà. D'altra parte, i movimenti rivoluzionari sudamericani a volte hanno strumentalizzato gli indigeni oppressi, non gli hanno mai accordato il posto che gli spettava. La maggior parte delle organizzazioni rivoluzionarie latino-americane sono rimaste insensibili o estranee alla questione etnica, come le Farc in Colombia o i sandinisti in Nicaragua, che addirittura sono caduti nella spirale di un conflitto devastante con la popolazione miskito. E questa indifferenza, se non ostilità, è comprensibile. Come inscrivere la visione dei popoli autoctoni nel progetto modernista di un socialismo di derivazione illuminista, che rimane imperniato sul dominio della natura e il produttivismo? José María Luis Mora, uno dei principali leader liberali dell'epoca dell'indipendenza del Messico, dichiarava nel 1824: «Che soltanto le differenze economiche siano riconosciute nella società messicana; che si cancelli la parola "indiano" dalla lingua ufficiale e *che sia dichiarata ufficialmente l'inesistenza degli indiani*».[13] Grazie a questo approccio, l'espropriazione delle terre comuni è stata molto più intensa nel XIX secolo che durante l'epoca coloniale.

Il *risveglio* degli indigeni viene da lontano. Nel mio libro *L'occidentalizzazione del mondo* (1989) scrivevo che il rullo compressore occidentale spianava tutto solo in apparenza, ma lasciava sepolte sotto la terra le radici delle culture schiacciate. E prendevo come illustrazione metaforica del fenomeno la storia della grande piramide azteca di Tenochtitlán, ignorando che più di venti anni dopo avrei avuto occasione di visitarla con emozione. Si credeva che la piramide fosse completamente scomparsa sotto l'imponente cattedrale di Mexico, costruita con le sue pietre, ma scavando dei parcheggi attorno allo Zócalo (la grande piazza centrale della capitale messicana) si riscoprirono le sue imponenti fondamenta, insieme ai re-

[13] Citato in Baschet, *La rébellion zapatiste*, p. 212.

sti di altre sei piramidi di epoca precedente che, protette dalle costruzioni successive, erano le meglio conservate. Questa scoperta, nel 1978, in qualche modo segna anche la ripresa del movimento autoctono. In effetti, a partire dalla fine degli anni sessanta, tutto il continente americano conosce un processo di «reindigenizzazione» e vede lo sviluppo di movimenti e di rivendicazioni etniche. Nel 1974 si tiene a San Cristóbal il Congresso indigeno: si svolge sotto l'egida del vescovo Samuel Ruiz, rappresentante della teologia della liberazione, ma è organizzato in prima persona dagli indigeni. È l'inizio di una riappropriazione della parola da parte degli indigeni, che ne erano stati espropriati dalla conquista. Oggi il 100 per cento dei membri dei comitati clandestini rivoluzionari indigeni appartengono alle etnie tzeltal, chol, tojolabal, mame e zoque. La «rivoluzione nella rivoluzione» realizzata dal movimento neozapatista è stata decisiva. Ha aperto la strada in Sud America a una serie di cambiamenti che nei prossimi decenni potrebbero segnare il destino dell'umanità. È quello che pensano anche i leader aymara che nell'aprile del 2000 hanno guidato la guerra dell'acqua a Cochabamba, in Bolivia. Secondo Oscar Olivera, «l'esperienza di Cochabamba dimostra che è possibile cambiare il mondo in cui viviamo, partendo dalla base, senza fondare un partito, senza vincere le elezioni e senza prendere il potere, ma recuperando la nostra "voce" e vincendo la nostra "paura"».[14] È anche la lezione del Chiapas: «In fin dei conti, se lo zapatismo ha dimostrato qualcosa, è che molte cose che sembravano impossibili diventano possibili con l'immaginazione, l'ingegnosità e l'audacia».[15]

«Da movimento che pretendeva di servirsi delle masse, dei proletari, dei contadini, degli studenti, per prendere il potere e guidarli verso la felicità suprema – rac-

[14] Citato in Yaku, *La rivoluzione dell'acqua*, p. 12.

[15] Subcomandante Marcos, *Saisons de la digne rage*, p. 155.

conta il subcomandante Marcos – ci siamo trasformati a poco a poco in un esercito che doveva servire le comunità. Il contatto con i popoli indiani ha significato un processo di rieducazione più potente e più terribile degli elettroshock che vengono inflitti negli ospedali psichiatrici».[16] Fin dalla sua prima dichiarazione della Selva Lacandona, l'Ezln (esercito zapatista di liberazione nazionale) rifiuta la presa del potere da parte dell'esercito rivoluzionario. Questo già segna una prima rottura con la tradizione latino-americana, rottura che si approfondirà in seguito, come confermano numerose dichiarazioni degli zapatisti. Il 2 febbraio 1994 Marcos, a una domanda sugli obiettivi del movimento, risponde: «La presa del potere? No, una cosa appena più difficile: un mondo nuovo».[17] E ancora: «Costruire un mondo in cui hanno posto molti mondi».[18] Il Fronte zapatista vuole essere una «forza politica che non sia un partito politico. Una forza politica capace di organizzare le richieste e le proposte dei cittadini [...]. Una forza politica che non lotta per la presa del potere, ma per una democrazia nella quale chi comanda comanda obbedendo» (1° gennaio 1996). «In sostanza, si tratta di costituire un'organizzazione politica non elettorale, ma che si sforza di ordinare la società in modo tale da dargli la forza sufficiente per esercitare un controllo sul potere ed esigere il soddisfacimento delle sue richieste».[19] Certo, commenta Jérôme Baschet, «gli zapatisti si preoccupano di costruire nuove strutture di *potere politico*. Ma questo non contraddice il loro rifiuto della presa del potere, in quanto per loro si tratta di costruire un nuovo potere dal basso, evitando di cadere nella trappola già intuita da Marx dopo l'esperienza della

[16] Subcomandante Marcos, *Saisons de la digne rage*, p. 11.
[17] Citato in Baschet, *La rébellion zapatiste*, p. 65.
[18] Subcomandante Marcos, *Saisons de la digne rage*, p. 86.
[19] Citato in Baschet, *La rébellion zapatiste*, p. 66.

Comune di Parigi [...] della *conquista del potere politico*».[20] Dal momento che con la globalizzazione economica «il luogo del potere ormai è vuoto», Marcos conclude: «Conquistare il potere non serve a niente».[21]

Il rifiuto zapatista di considerarsi un'avanguardia, unito a quello della presa del potere statuale, indica una critica radicale dell'eredità leninista e anche marxista. «Noi vogliamo partecipare direttamente alle decisioni che ci riguardano, controllare i nostri dirigenti, quale che sia la loro filiazione politica, e obbligarli a comandare obbedendo. Noi non lottiamo per la presa del potere, lottiamo per la democrazia, la libertà e la giustizia» (30 agosto 1996). «Di fatto, ci si accusa di non aver ceduto alla seduzione del potere, quella stessa seduzione che è riuscita a far dire a persone di sinistra molto brillanti cose che farebbero vergogna a chiunque».[22] In questa nuova dimensione, che coincide con l'importanza assegnata all'autonomia dal movimento di decrescita, il compito della società civile consiste nel controllare il potere e nell'esercitare su di esso le pressioni necessarie per ottenere il soddisfacimento delle rivendicazioni popolari. Si tratta dunque di ripensare l'organizzazione politica costruendola a partire dalla società.

«Si può senz'altro ammettere – precisa Baschet – che l'autonomia *in sé* è soltanto un quadro più o meno vuoto, di cui resta da definire l'uso, e di conseguenza portatore di minacce quanto di speranze, a seconda che prevalgano il cacicchismo e il conservatorismo settario o il desiderio di una comunità democratica, aperta e pronta a trasformarsi. L'autonomia in sostanza è uno spazio di libertà e di riconoscimento per i popoli indigeni, i quali possono utilizzarla per il meglio o per il peggio, in base al progetto

[20] *Ibid.*, p. 67.
[21] *Ibid.*, p. 72.
[22] *Ibid.*, p. 153.

politico e sociale che prevarrà al loro interno. Dunque la questione fondamentale non è tanto quella dei diritti giuridicamente definiti in una riforma costituzionale, quanto la seguente: autonomia *rispetto a cosa? e per che cosa?*».[23] «La rivendicazione di autonomia è quindi un tentativo di sfuggire al modello planetario imposto dalle forze della mercificazione, in nome di una specificità culturale e storica».[24] «L'idea di autonomia – conclude Baschet – corrisponde semplicemente a una logica di autonomizzazione e di autorganizzazione della società, il che non vuol dire né che la società si impadronisce dello stato, né che lo stato scompare completamente [...]. Da una parte viene mantenuto un apparato statuale che la società controlla dall'esterno obbligandolo a obbedirle; dall'altra l'autorganizzazione della società costruisce dal basso nuove forme di potere».[25] L'autorganizzazione di villaggi autonomi era già una rivendicazione di Emiliano Zapata, e il movimento neozapatista può legittimamente riallacciarsi al grande antenato assassinato e alla sua rivoluzione tradita. Nel febbraio 1996, alla riunione del Forum indigeno, sono state enunciate una serie di regole di buon governo: «servire e non servirsi», «rappresentare e non espropriare», «costruire e non distruggere», «obbedire e non comandare» (*mandar obedeciendo*), «proporre e non imporre», «convincere e non vincere». Il *mandar obedeciendo*, che ricorda in qualche modo la concezione aristotelica della democrazia, articola al proprio interno, secondo la formula di Baschet, «la verticalità del comando e l'orizzontalità del consenso».[26]

Nel progetto zapatista si ritrova la stessa preoccupazione di articolare la specificità locale concreta con la visio-

[23] Baschet, *La rébellion zapatiste*, p. 221.
[24] *Ibid.*, p. 222.
[25] *Ibid.*, p. 69.
[26] *Ibid.*, p. 88.

ne di un mondo al tempo stesso unico e plurale. «È possibile pensare un universalismo che contenga la critica dell'universalismo in quanto universalizzazione di valori particolari?»[27] Opponendosi, come anche noi facciamo, all'omologazione planetaria, frutto della globalizzazione, ovverosia alla «estensione totalitaria della logica di mercato *a tutti gli aspetti della vita*», e denunciando «la mondializzazione della merce», divenuta ormai la «mercificazione del mondo»,[28] Baschet vede nella concezione zapatista una «autonomizzazione universalista», ovvero una «comunità planetaria». Si tratta in qualche modo di quello che noi chiamiamo il pluriversalismo, o anche della *diversalità* dello scrittore antillano Raphaël Confiant. È la ragione per cui Marcos, quando parla delle lotte degli «indigeni», recita con arguto piacere l'elenco delle etnie coinvolte: «mazahua, amuzgo, tlapaneque, najutlaca, cora, huicol, yaqui, mayo, tarahumara, mixteque, zapoteque, maya, chontal, reri, triquis kumai, cucapà, paipai, cochimi, kiliwa, tequislateque, pamé, chichimeque, otomi, mazateque, matlatzinque, ocuilteque, popoloque, ixtateque, chocho, popoloque, cuicateque, chatino, chinanteque, huave, pàpago, pima, tepehuane, guarijio, huasteque, clhui, jacalteque, mixe, zoque, totomaque, kikapu, purepeche, o'odham, tzotzile, tzeltale, tojolabale, chole, mame».[29] Allo stesso modo, poiché la lotta contro il neoliberismo si svolge all'interno della diversità concreta dei gruppi vittime, Marcos enumera le innumerevoli voci «dello studente, del vicino, del professore, della casalinga, dell'impiegato, del disoccupato, del venditore ambulante, dell'handicappato, della sarta, della dattilografa, del trasportatore, del clown, del benzinaio, del centrali-

[27] *Ibid.*, p. 248.

[28] *Ibid.*, pp. 109-11. «E ormai non è lontano il momento in cui la disumanizzazione della merce corrisponderà al disumano diventare merce dell'uomo stesso» (p. 111).

[29] Dichiarazione del settembre 1994, citata *ibid.*, p. 255.

nista, del cameriere, della cameriera, del cuoco, della cuoca, del mariachi, della prostituta, del prostituto, del meccanico, dell'acrobata, del lavamacchine, dell'indigeno, dell'operaio, del contadino, dell'autista, del pescatore, del tassista, dell'arrotino, del bambino di strada, del funzionario, della gang di giovani, del lavoratore dei media, del professionista, del religioso, dell'omosessuale, della lesbica, del transessuale, dell'artista, dell'intellettuale, del militante, dell'attivista, del marinaio, del soldato, dello sportivo, del muratore, del venditore nei mercati, del venditore di tacos e sandwich, del lavavetri, del burocrate, dell'uomo, della donna, del bambino, del giovane, dell'anziano, di quello che siamo».[30]

Alla domanda ricorrente dei nostri interlocutori: «Quale sarebbe il soggetto portatore del progetto della decrescita?», una volta preso atto dell'addio al proletariato, la risposta sta sostanzialmente in quell'elenco. Sono tutti, in quanto individui e in quanto persone concrete. Quando diciamo che la decrescita non è un'alternativa ma una matrice di alternative, esprimiamo una preoccupazione analoga a quella dei zapatisti di integrare la diversità in un insieme coordinato.

La voce inattesa degli indiani apre dunque una nuova via, «un'altra strada per altri mondi possibili». E la sua influenza si fa sentire anche nei paesi del subcontinente dove la presenza indigena è meno forte. Per esempio, nel 2004 l'Uruguay di Adriana Marquisio sancisce per la prima volta nella Costituzione che l'accesso all'acqua è un diritto fondamentale. Il Salvador elegge presidente un ex membro del Fronte Farabundo Martí, Mauricio Funes. Chávez, con un pizzico di demagogia, ha portato con grande clamore alcune rivendicazioni ecologiche del subcontinente addirittura alla riunione dei capi di stato a

[30] Dichiarazione del 16 marzo 2001, citata in Baschet, *La rébellion zapatiste*, p. 256.

Copenaghen (dicembre 2009). Sicuramente si farà di tutto per sviare questa esperienza, se non si riesce a ridurla al silenzio. La retorica dell'*altro* sviluppo, dell'economia solidale e del commercio equo, messa in campo soprattutto dagli esperti bianchi pieni di buone intenzioni, è già all'opera per scongiurare che siano realizzati la fuoriuscita dall'economia e il cammino verso la decrescita. La Costituzione ecuadoriana si prefigge l'obiettivo di «disattivare il neoliberismo», non quello di uscire dall'economia. La seduzione elettorale ha fatto presto a trasformare i necessari compromessi in compromissioni che non fanno ben sperare. Il governo di Morales in Bolivia, come quello di Correa in Ecuador, per non parlare di quello di Chávez in Venezuela, non sono esenti da ambiguità. Come sottolinea un personaggio boliviano, Carlos Crespo Flores, «in sostanza, richiamandosi ai principi dello "sviluppo sostenibile", l'attuale amministrazione incoraggia lo sfruttamento intensivo delle risorse naturali e l'industrializzazione del paese, minimizzando e a volte addirittura ignorando i pericoli che ne derivano per l'ambiente».[31] In Bolivia, se da una parte la Coordinadora, l'alleanza di base delle diverse componenti della popolazione di Cochabamba, urbana e rurale, degli aymara e dei cocaleros, nel 2000 ha inaugurato un nuovo modo di fare politica, secondo la concezione zapatista, d'altra parte con le elezioni del 2002 si è assistito al ritorno dei conflitti tra gli ego di caudillos e caciques. È significativo che nessun rappresentante della Coordinadora abbia partecipato nel 2006 all'Assemblea costituente convocata da Morales. Tuttavia, riprendendo la bella frase di Zola, «la verità è in marcia», e speriamo che «niente la fermerà». È vitale per quelle popolazioni. Ed è vitale anche per noi.

[31] Citato in Yaku, *La rivoluzione dell'acqua*, p. 93.

Parte prima

Uscire dal vicolo cieco

È arrivato il momento di farla finita con il capitalismo, mettendo l'emergenza ecologica e la giustizia sociale al centro del progetto politico.

Hervé Kempf[1]

La società dei consumi di massa *globalizzata* è arrivata in fondo al vicolo cieco. È una società che ha la sua base – anzi la sua essenza – nella crescita senza limiti, mentre i dati fisici, geologici e biologici le impediscono di proseguire su quella strada, data la finitezza del pianeta. È giunto il momento del crollo. Ne avvertiamo molti segni premonitori, anche se ci rifiutiamo di accettarne le conseguenze e di prendere le misure necessarie per limitare i danni o porvi rimedio. Il primo capitolo di questo libro, *La catastrofe produttivista*, fa una diagnosi di questo crollo annunciato della civiltà economica. Il capitolo 2, *Ci sarà vita dopo lo sviluppo?*, esplora la possibilità di una società liberata dall'imperialismo dell'economia, quella che per il Nord può essere definita, per opposizione, una «società della decrescita».[2]

[1] Kempf, *Pour sauver la planète*, p. 9.

[2] Il primo capitolo è una versione riveduta di un articolo intitolato *L'effondrement, et après?*, pubblicato nel numero 7 della rivista «Entropia» (dicembre 2009), a sua volta ripreso da una comunicazione al convegno *Les catastrophes écologiques et le droit* (Limoges, 11 marzo 2009). Una prima versione del capitolo 2 è stata pubblicata con lo stesso titolo sulla rivista «Agir», n. 35, settembre 2008, e in italiano, con il titolo *La decrescita come uscita dall'economia*, in «Sociologia del lavoro», n. 113, 2009.

1.

La catastrofe produttivista

> La presa di coscienza della catastrofe ecologica è troppo lenta per evitare il peggio.
>
> Yves Cochet[1]

Negli anni sessanta l'umorista Pierre Dac diceva: «È ancora troppo presto per dire se è già troppo tardi». Purtroppo oggi le cose non stanno più così. Dopo il quarto rapporto del Gruppo di esperti intergovernativo sull'evoluzione del clima (Giec), del 2007, e ancora di più dopo l'aggiornamento del rapporto da parte dei climatologi alla riunione di Copenaghen del marzo 2009 – che ha preceduto il vertice dei capi di stato nella stessa città nel dicembre 2009 – sappiamo tutti che ormai è troppo tardi. Anche se da un giorno all'altro mettessimo fine a tutto quello che provoca un superamento della capacità di rigenerazione della biosfera (emissioni di gas a effetto serra, inquinamenti e rapine di ogni genere), in altre parole se riducessimo la nostra impronta ecologica fino a un livello sostenibile, avremmo comunque un innalzamento della temperatura di due gradi entro la fine del secolo. Questo significa zone costiere sommerse, decine se non centinaia di milioni di profughi ambientali (fino a due miliardi secondo alcuni calcoli),[2] gravi problemi alimentari, una penuria di acqua potabile per molte popolazioni ecc. Ormai il problema non è più quello di evitare la ca-

[1] Cochet, *Antimanuel d'écologie*.
[2] Ravaioli, *Ambiente e pace*, p. 27.

tastrofe, ma solo di limitarla, e soprattutto di domandarsi come gestirla.

Che cosa è una catastrofe? Secondo il Larousse si tratta di una «disgrazia improvvisa e funesta a una persona o a un popolo. Incidente che causa la morte di un gran numero di persone: una catastrofe ferroviaria o aerea. Letteralmente, avvenimento drammatico che provoca una tragedia». È necessario continuare con le definizioni macabre? È stata addirittura proposta una classificazione delle sventure a seconda del numero dei morti: «Tra 1 e 999 morti un fenomeno può essere definito "incidente", diventa un disastro tra mille e un milione di morti, e una catastrofe se si supera il milione».[3] Ahimè, è di fronte all'ultima categoria che ci troviamo.

Alla catastrofe, presentata come un fenomeno inevitabile, viene spesso associato l'aggettivo «naturale». La catastrofe diventa allora un fatto del destino, un prodotto del fato. Ma già Rousseau, nella sua risposta al fatalismo di Voltaire, lo ha ben indicato a proposito del terremoto di Lisbona del 1755: la catastrofe non è mai naturale quanto si pensa. Se non altro perché è necessario lo sguardo umano per giudicarla. Senza il turismo internazionale, la distruzione sconsiderata delle mangrovie e la speculazione immobiliare sfrenata, lo tsunami del 2004 nel Sud-est asiatico, che ha fatto più di duecentomila morti, non avrebbe provocato tanti danni. Ciò che avviene in natura diventa un «disastro» solo quando degli esseri umani ne subiscono le conseguenze. La cosa è tanto più vera rispetto a quello che ci attende. In effetti ha ragione il subcomandante Marcos quando parla di «maldefinite catastrofi naturali». «Dico "maldefinite" – precisa – perché è ogni volta più evidente che in questi disastri è implicata la mano insanguinata del capitale».[4]

[3] Michaelis, *Pourquoi avons-nous besoin d'une organisation?*, p. 113.
[4] Marcos, *Saisons de la digne rage*, p. 78.

La catastrofe viene percepita a seconda della tragedia da cui prende nome. Se è umana, come la Nakba o la Shoah (termini il cui significato originario è quello di catastrofe), viene pensata come un cataclisma naturale. Se si tratta invece di un fenomeno di origine geofisica – tsunami, terremoto, inondazione, eruzione vulcanica ecc. – è pensata come un destino che si manifesta nella storia. Ci si trova dunque in una relazione speculare tra natura e cultura.

Le catastrofi che ci riguardano sono quelle dell'Antropocene, cioè quelle provocate dalla dinamica di un sistema complesso, la biosfera, in coevoluzione con l'attività umana e alterata da quest'ultima. Assumendo il criterio geometrico, si può dire che il modo di vita dell'uomo agisce sul degrado del suo ecosistema secondo curve esponenziali (gas a effetto serra, scomparsa delle fonti di energia fossile, accumulazione di veleni, distruzione delle specie...).

La catastrofe (la Nakba, la Shoah) ha a che vedere con il crollo (*collapse*), concetto reso popolare da Jared Diamond.[5] Una civiltà scompare perché ha distrutto il proprio ambiente senza aver saputo adattarsi alla nuova situazione. Gli esempi più spesso citati sono quelli delle sparizioni di civiltà dovute al disboscamento eccessivo combinato con la rigidità delle strutture delle culture in questione: la società dell'isola di Pasqua, la civiltà maya, quella delle valli dell'Indo (Mohenjo-Daro, Harappa) o dei vichinghi della Groenlandia. La catastrofe produttivista è il destino implacabile di una società della crescita che rifiuta il mondo reale a vantaggio della sua artificializzazione. Ricercare la crescita a ogni costo significa innanzitutto non andare troppo per il sottile quanto ai

[5] Diamond, *Collapse*. Almeno in Francia, è meno conosciuta la tesi precedente, e più interessante, di Joseph Tainter, sviluppata in *The Collapse of Complex Societies*. Secondo Tainter, le società complesse tendono a crollare in quanto le loro strategie di ottenimento di energia sono soggette alla legge dei rendimenti decrescenti.

mezzi per ottenerla. Se si guarda alle inchieste che hanno seguito la maggior parte degli incidenti di grandi proporzioni, si tratti di Chernobyl, della mucca pazza e del sangue infetto, si è colpiti dalla quantità incredibile di negligenze, di inosservanza delle norme vigenti (con la complicità delle autorità responsabili della loro applicazione), di violazioni delle legislazioni nazionali e internazionali. Frodi, corruzione e truffe sono essenzialmente dovute a tre fattori: la vanità, la cupidigia e la volontà di potenza. La cecità e l'arroganza degli studiosi, degli esperti, dei responsabili, degli ingegneri e dei tecnici, corroborate dal culto della scienza e dalla fede nel progresso, svolgono un ruolo complementare e tuttavia fondamentale in questo concerto infernale. Non è la soggettività la vera responsabile, ma la logica stessa del sistema, che crea le condizioni della catastrofe, producendo a sua volta alcuni fattori soggettivi.

Cronaca di una catastrofe annunciata

Il compianto Pierre Thuillier ha pubblicato nel 1995 *La grande implosione*,[6] un libro premonitore che si presentava come un dossier intitolato «Rapporto sul crollo dell'Occidente 1999-2002». L'autore immaginava che nel 2070 una commissione d'inchiesta tentasse di capire come quel crollo era stato possibile dopo tanti avvertimenti. In effetti, senza risalire tanto indietro nel tempo, va ricordato che nel 1922 Svante Arrhenius, il grande studioso che aveva scoperto già alla fine del XIX secolo l'effetto serra, dichiarava in una conferenza all'Università di Parigi: «Lo sviluppo è stato, per così dire, esplosivo, e noi stiamo precipitando verso una catastrofe».[7] A

[6] Thuillier, *La grande implosion*.
[7] Citato da Grinevald, *La biosphère de l'Anthropocène*, p. 81.

partire da *La primavera silenziosa* (*Silent Spring*) di Rachel Carson, del 1962, si è fatto sentire un numero più che sufficiente di voci autorevoli: non è più possibile fingere di non sapere. Il famoso primo rapporto del Club di Roma, *I limiti dello sviluppo* (1972), ci avvertiva che il proseguimento indefinito della crescita era incompatibile con i «fondamentali» del pianeta.[8] Nel 1974 René Dumont dichiarava: «Se manteniamo l'attuale tasso di espansione della popolazione e della produzione industriale, prima della fine del prossimo secolo assisteremo al crollo totale della nostra civiltà».[9] Quasi ogni giorno nuove, schiaccianti testimonianze, provenienti dagli ambiti più diversi, confermano la diagnosi di buon senso del Club di Roma e le previsioni allarmiste di Dumont. Dopo la Dichiarazione di Wingspread del 1991,[10] l'Appello di Parigi del 2003,[11] il Millennium Ecosystem Assessment Report del 2005,[12] siamo sottoposti a una vera e propria valanga di avvertimenti: quelli provenienti dalle Ong specializzate (Wwf, Greenpeace, Amici della Terra, Worldwatch Institute...), l'ultimo rapporto del Giec già citato, quello, semisegreto, del Pentagono del 2003, quello, ancora più confidenziale, del gruppo ultraconservatore di Bilderberg, il rapporto dell'esperto della Banca Mondiale Nicholas Stern trasmesso al governo britannico ecc.

[8] Successivamente il Club di Roma ha prodotto, sempre sotto la direzione di Dennis Meadows, *Beyond the Limits* e *Limits to Growth. The 30-Year Update*.

[9] Dumont, *A vous de choisir*.

[10] Dichiarazione di ventidue biologi, in maggioranza americani, che denunciava i pericoli dei prodotti chimici.

[11] Dichiarazione internazionale lanciata su iniziativa del professor Belpomme per mettere in guardia contro i pericoli sanitari originati dalla crescita economica.

[12] Millennium Ecosystem Assessment, *Living beyond Our Means*. Si tratta di un rapporto delle Nazioni Unite basato sui lavori di 1360 specialisti di 95 paesi, pubblicato a Tokyo il 30 marzo 2005. Il rapporto dimostra che l'attività umana depaupera le capacità di rigenerazione degli ecosistemi, al punto di compromettere gli obiettivi economici, sociali e sanitari fissati dalla comunità internazionale per il 2015.

Senza parlare delle voci più o meno competenti, da quella del presidente Chirac a Johannesburg a quella di Nicolas Hulot durante la campagna presidenziale del 2007,[13] passando per il vicepresidente Al Gore e la sua verità scomoda... E noi qui a guardare l'arrivo della catastrofe.

È molto probabile che «i nostri figli ci accuseranno», per riprendere il titolo del bel documentario di Jean-Paul Jaud (2008), perché siamo tutti responsabili. In primo luogo le nostre élite politiche ed economiche, più disponibili a salvare le banche che la banchisa, ma anche il cittadino medio, più ansioso del proprio livello di vita che di quello degli oceani.

Oggi la catastrofe è arrivata. Viviamo in quella che gli specialisti chiamano la sesta estinzione delle specie[14] – la quinta, che si è prodotta nel Cretaceo 65 milioni di anni fa, aveva visto la fine dei dinosauri e di altri grandi animali, probabilmente a seguito dell'impatto di un asteroide con la Terra. Questa sesta estinzione presenta tre differenze non trascurabili rispetto alla precedente. In primo luogo, le specie (vegetali e animali), il cui numero è stimato tra i tre e i trenta milioni, spariscono a una velocità tra le cinquanta e le duecento al giorno,[15] ovverosia a un ritmo da mille a trentamila volte superiore a quello delle ecatombe dei tempi geologici passati.[16] In secondo luogo, l'uomo è direttamente responsabile di questo «svuotamento» del mondo vivente. Infine, l'uomo stesso potrebbe rimanerne vittima... A voler credere alle previsioni di alcuni, la fine dell'umanità sarebbe destinata a verificarsi verso il 2060, in seguito a sterilità generalizzata dello

[13] Hulot, *Pour un pacte écologique*.

[14] Leakey e Levin, *The Sixth Extinction*.

[15] Edward O. Wilson sostiene che siamo responsabili della scomparsa, ogni anno, di un numero di specie compreso tra le 27 000 e le 60 000 (Wilson, *The Diversity of Life*). Per i soli mammiferi, sono state registrate cento estinzioni in cento anni contro una sola in tempi «normali». Ma se si tiene conto delle estinzioni ignorate, si può pensare a dieci volte di più.

[16] Ramade, *Le Grand Massacre*.

sperma maschile per effetto dei pesticidi e di altri fattori inquinanti organici persistenti, cancerogeni, mutageni o reprotossici.[17] L'astronomo reale Sir Martin Rees, autore di *Our Final Century*, dà all'umanità una chance su due di sopravvivere al XXI secolo.[18] Più pessimista ancora, il grande scienziato ecologista Sir James Lovelock nel suo libro *La rivolta di Gaia* sostiene che la nostra civiltà non ha nessuna possibilità di sopravvivenza – al più una misera speranza per un massimo di cinquecento milioni di individui attorno alle zone polari.[19]

Ovviamente si può essere scettici nei confronti della futurologia, ma resta il fatto che le analisi del Club di Roma hanno il merito di essere infinitamente più serie e solide delle proiezioni a cui in genere si affidano i nostri governanti e le istituzioni internazionali. L'équipe del Massachusetts Institute of Technology, che è all'origine di quelle analisi, ha costruito un modello schematico (il modello World 3), verificato sull'arco di più di un secolo e che prende in considerazione l'insieme del pianeta.[20] Questo metodo applica due categorie che rafforzano la sua credibilità: l'interdipendenza delle variabili e l'esistenza di circuiti di retroazione. Per esempio, l'aumento del prezzo del petrolio si ripercuote immediatamente sul prezzo dei prodotti agricoli, in quanto attraverso i pesticidi, i concimi chimici e l'uso dei trattori, l'agricoltura produttivista è fatta soprattutto di petrolio. Sta di fatto che, secondo l'ultimo rapporto del club di Roma,[21] tutti gli scenari che non rimettano in discussione i fondamentali della società della crescita sono destinati a terminare nel crollo. Il primo scenario colloca il crollo attorno al 2030

[17] Belpomme, *Ces maladies crées par l'homme*.
[18] Rees, *Our Final Century*.
[19] Lovelock, *The Revenge of Gaia*.
[20] Il modello si basa sulla teoria dei sistemi di Jay Forrester.
[21] Vedi Meadows e altri, *Limits to Growth. The 30-Year Update* e Araud, *Modéliser le monde, prévoir le futur*.

per la crisi delle risorse non rinnovabili, il secondo verso il 2040 per l'inquinamento, il terzo verso il 2070 per la crisi alimentare. Gli altri scenari sono varianti dei primi tre. Un solo scenario è dunque credibile e sostenibile: quello della sobrietà, secondo le raccomandazioni dettate dall'idea della decrescita.

Le cause: il totalitarismo produttivista

Se il momento del crollo si avvicina pericolosamente, significa che è venuto il tempo della decrescita! Diventa urgente ritrovare il senso della misura e un'impronta ecologica sostenibile. È questa la sfida di fronte a cui ci troviamo.

Si potrebbe raccontare il destino della nostra società parafrasando una favola di La Fontaine: «Un giorno in uno stagno, venendo da non si sa dove, arrivò l'alga verde, la quale crebbe e tutto soffocò...». La cosa è successa più o meno verso il 1950. L'uso eccessivo di concimi chimici da parte degli agricoltori costieri incoraggia la piccola alga a insediarsi in un grande stagno. Anche se la sua crescita annua è rapida, con una progressione geometrica di ragione 2, nessuno se ne preoccupa. In effetti, se il raddoppio è annuale e la superficie totale sarà coperta in trent'anni, al ventiquattresimo anno sarà coperto soltanto il 3 per cento dello stagno! Probabilmente ci si comincia a preoccupare quando l'alga ha invaso la metà della superficie, perché a quel punto si profila una minaccia di eutrofizzazione, cioè di asfissia della vita subacquea. Ma, se all'alga ci sono voluti diversi decenni per arrivare a quel punto, ora le basterà un solo anno per provocare la morte irrimediabile dell'ecosistema lacustre.

Facendo propria la ragione geometrica che orienta la crescita economica, la nostra crescita exosomatica è diventata rapidamente una «escrescenza». Si può chiamare così una crescita che supera l'impronta ecologica sostenibile e che, per l'Europa, corrisponde in sostanza al sovraconsumo, ovverosia a un livello di produzione che, su scala globale, supera il livello che permette il soddisfacimento dei bisogni ragionevoli di tutti. Risultato: poiché l'uomo occidentale ha abbandonato ogni misura, ci troviamo esattamente nel momento in cui l'alga verde ha colonizzato tra un terzo e la metà del nostro stagno. Se non agiamo con grande celerità e decisione, siamo destinati nel giro di poco tempo alla morte per asfissia.

Prendendo la via «termoindustriale», secondo la definizione di Jacques Grinevald,[22] basata cioè sulla potenza del fuoco, l'Occidente ha realizzato il suo sogno di progressione geometrica. Il desiderio di crescita infinita si manifesta almeno a partire dal 1750, con la nascita del capitalismo occidentale e dell'economia politica. La volontà di potenza e la sete di ricchezza del controllore e padrone della natura prendono il posto dell'antica saggezza del rapporto con una natura sfruttata in modo ragionevole. È il sogno di Adam Smith, condiviso dall'Illuminismo: l'arricchimento di tutti. Già nella *Ricchezza delle nazioni* (1776) si trova quello che nel gergo degli economisti diventerà il *trickle-down effect* (effetto di percolazione/diffusione), ovverosia l'idea che l'aumento della ricchezza degli uni finisce per avere ricadute su tutti, individui o paesi. Tuttavia, prima dell'utilizzazione di fonti di energia fossili (carbone e poi petrolio), che mettono a nostra disposizione l'equivalente energetico di cinquanta-cento schiavi a persona, la crescita è soltanto quella del capitalismo e si limita a un processo di distruzione della civiltà contadina e artigiana, insieme alla rapina imperialista nel resto del mondo. L'utopia liberale-capitalistica è il travestimento ideologico degli interessi della classe borghese. Malgrado l'avvento del sistema ter-

[22] Grinevald, *La biosphère de l'Anthropocène*.

moindustriale, con la diffusione della macchina a vapore e dell'uso del carbone fossile attorno al 1850, la crescita conosce ancora per un secolo gravi problemi di sbocchi, che provocano crisi periodiche di sovrapproduzione. È soltanto verso il 1950, con l'invenzione del marketing e la conseguente nascita della società dei consumi, che il sistema è in grado di liberare tutto il suo potenziale creativo e distruttivo. I tre pilastri del sistema consumistico sono la pubblicità, che crea instancabilmente il desiderio di consumare, il credito, che fornisce i mezzi per consumare anche a chi non ha denaro (grazie al sovraindebitamento), e l'obsolescenza programmata, che assicura il rinnovamento obbligato della domanda. Così facendo, il sistema costruisce le strutture della catastrofe. Per l'appunto, secondo il teorema dell'alga verde.[23]

Fortunatamente, il nostro tasso di crescita non è del 100 per cento all'anno come quello dell'alga verde, ma solo del 2 o 3 per cento, il che colloca il crollo e la fine della società della crescita non all'anno prossimo ma tra il 2030 e il 2070, secondo il modello sistemico del Club di Roma. Il sogno a quel punto si trasformerà in incubo. Il delirio quantitativo ci condanna a precipitare nell'insostenibile, per effetto del «terrorismo dell'interesse composto», per riprendere la bella espressione di Giorgio Ruffolo.[24] Con il tasso di crescita attuale della Cina (10%), si ottiene un raddoppio in sette anni e un fattore di moltiplicazione 13 780 in un secolo![25] Con un aumento del Pil pro capite del 3,5 per cento all'anno (corrispondente alla media francese tra il 1949 e il 1959), si ha un fattore di moltiplicazione 31 in un secolo, di 972 in due secoli e di circa 30 000 in tre secoli. In una prospettiva di più lunga durata, al 2 per cento di tasso di sviluppo annuo – il

[23] Variante del paradosso della ninfea di Albert Jacquard (*L'équation du nénuphar*).
[24] Ruffolo, *Crescita e sviluppo*.
[25] De Jouvenel, *Arcadie*; Tertrais, *Du développement à la décroissance*, p. 14.

minimo indispensabile secondo tutti i responsabili economici – in duemila anni il Pil risulterebbe moltiplicato per 160 milioni di miliardi! E duemila anni sono un attimo nella vita della specie *Homo* (comparsa circa tre milioni di anni fa), e anche di quella dell'*Homo sapiens* (vecchia di più o meno 50 000 anni). Nello stesso arco di tempo, con un tasso di crescita di 7 millesimi all'anno – considerato ridicolo da tutte le persone serie – il Pil risulterebbe comunque moltiplicato per un milione, e raddoppierebbe già in un secolo, cosa probabilmente superiore a ciò che gli ecosistemi sono in grado di sopportare.[26]

Se fosse vero che la crescita produce meccanicamente il benessere, oggi tutti noi vivremmo in un paradiso. E invece quello che ci aspetta è l'inferno, perché questa crescita vertiginosa si basa essenzialmente sul prelievo dalle fonti energetiche fossili e le risorse non rinnovabili, sui rifiuti e l'inquinamento: è in sostanza una crescita di distruzione del nostro ecosistema. Come osserva saggiamente Arne Naess, il teorico dell'ecologia *profonda* (cioè non superficiale), «il Pil tende a essere considerato come se significasse "qualità della vita nazionale lorda", "piacere nazionale lordo", "felicità nazionale lorda" o "perfezione nazionale lorda", [...] mentre invece la formula Pil = inquinamento nazionale lordo è del tutto pertinente e la politica ecologica continua ogni anno a soffrire della pressione delle azioni dirette a far crescere il Pil».[27]

Conclusione

La catastrofe (*kata-strophè*: ribaltamento, sconvolgimento, epilogo), indica nella tragedia greca la «scrittura del-

[26] Lebeau, *L'engrenage de la technique*, pp. 154-55.
[27] Naess, *Ecologie, communauté et style de vie*, pp. 173 e 303.

l'ultima strofa».[28] La catastrofe che ci minaccia riecheggia la fatalità della tragedia, è la punizione della *hybris* dell'eroe, cioè della sua dismisura. Come l'eroe in questione, noi sappiamo perfettamente quello che ci minaccia, e, come lui, sembriamo paralizzati dalla logica implacabile di un destino. Oggi il grande interrogativo è se l'eroe del nostro dramma è l'umanità o soltanto l'Occidente. Se vogliamo sopravvivere alle «catastrofi del presente», ci conviene ispirarci alla saggezza della lumaca, simbolo dei movimenti *slow* (Slow Food, Slow Cities ecc.), piuttosto che alla passività della rana descritta da Al Gore. Prendete una rana e gettatela in una pentola d'acqua a 60°, lei salterà subito fuori con un salutare colpo di zampe; mettetela invece nell'acqua fredda, che poi fate scaldare a poco a poco, a fuoco lento, fino a 80°; la rana resterà nell'acqua, all'inizio trovandocisi bene; poi, sempre più indebolita dal calore, finirà per morire sbollentata. Oggi sei miliardi e mezzo di rane umane sguazzano nella pentola terrestre, e l'acqua comincia a riscaldarsi pericolosamente! È tempo di scuoterci dal nostro torpore. Come osservava Günther Anders già negli anni trenta: «È necessario impedire che il fatto che la catastrofe non è mai avvenuta venga considerato come una prova della sua impossibilità, e che si scambi il "non ancora" per un "mai"».[29]

[28] Dupont e altri, *Dictionnaire des risques*.
[29] Anders, *Le temps de la fin*, p. 111.

2.

Ci sarà vita dopo lo sviluppo?

> Se un giorno il mondo brucerà, vorrà dire che gli «ecologisti» avevano ragione; ma finché non succede, finché sarà possibile mantenere l'apparenza spettacolare che il sistema funziona e che il mondo è in piedi, allora la Ragione è dalla parte di coloro che lo gestiscono.
>
> Matthieu Amiech e Julien Mattern[1]

La decrescita è uno slogan provocatorio che vuole indicare la necessità di una rottura con la società della crescita, cioè con una società fagocitata da un'economia che ha come unico obiettivo la crescita per la crescita. Per i suoi avversari, e anche per certi simpatizzanti, non è una parola d'ordine chiara, quello che evoca è ambiguo (come se lo stesso non valesse per tante parole feticcio: «progresso», «crescita», «sviluppo» e soprattutto «sviluppo sostenibile»), e in più è negativa, cosa imperdonabile in una società in cui bisogna a tutti i costi «pensare positivo». In breve, la decrescita non è sexy. Tutto questo in un certo senso non è sbagliato, e sarei addirittura tentato di dire che «decrescita» è certamente un termine pessimo per indicare un progetto di democrazia ecologica e di società di abbondanza frugale, ma pessimo tra altri ancora peggiori. In realtà, dietro le sottigliezze sulla parola si nasconde spesso la resistenza (in senso psicoanalitico) al progetto della decrescita. Negli ambienti ecologici o della sinistra radicale, all'origine di questa allergia ci sono l'incomprensione e il rifiuto viscerale di «uscire dall'economia».

In quanto slogan, il termine «decrescita» è una trovata retorica piuttosto felice perché il suo significato, per

[1] Amiech e Mattern, *Le cauchemar de Don Quichotte*.

l'appunto, non è del tutto negativo, in particolare in francese. Per esempio, il riflusso (in francese *décrue*) di un fiume straripato con effetti devastanti è una buona cosa. E siccome anche il fiume dell'economia è uscito dal suo letto, è assolutamente auspicabile che vi sia fatto rientrare. Rompere con la società della crescita non vuol dire sostenere un'*altra* crescita e neppure un'*altra* economia, significa uscire dalla crescita e dallo sviluppo, e dunque dall'economia, cioè dall'imperialismo dell'economia, per ritrovare il sociale e il politico. La questione riguarda due livelli più interdipendenti di quanto non si pensi, ma che tradizionalmente vengono distinti: quello delle parole, o delle rappresentazioni, e quello delle cose, o delle realtà concrete. La rottura operata dalla decrescita concerne dunque al tempo stesso le parole e le cose, implica una decolonizzazione dell'immaginario e la realizzazione di un altro mondo possibile.

La rottura delle parole. Decolonizzare l'immaginario!

Non ritorneremo qui sulla crisi dell'economia dello sviluppo in quanto teoria, né sui suoi fallimenti in quanto progetto concreto per il Sud, né sulla straordinaria resurrezione del concetto di sviluppo negli anni novanta, resurrezione che testimonia della forte resistenza dell'immaginario *progressista*.[2] Oggi tutte le speranze si concentrano sul mito dello sviluppo sostenibile o durevole. Si tratterebbe infatti di uno sviluppo «economicamente efficace, ecologicamente sostenibile, socialmente equo, democraticamente fondato, geopoliticamente accettabile, culturalmente diversificato».[3] Insomma, l'araba fenice. Per quanto si voglia diverso dallo sviluppo *tout court*

[2] Per questo rinviamo il lettore al nostro libro *Survivre au développement*.
[3] Aubertin, *Johannesburg*.

e dalla vecchia crescita, lo sviluppo sostenibile si basa comunque su una crescita vigorosa, anche se presentata come ecologica. Come ha sintetizzato ottimamente il futuro presidente Sarkozy in un suo intervento all'università dei Jeunes Populaires a Marsiglia il 3 settembre 2006: «Lo sviluppo sostenibile non è la crescita zero, è la crescita sostenibile». O ancora l'impagabile negazionista della deregolazione climatica Claude Allègre: «È necessario che l'ecologia sia il motore della crescita [...]. La buona strada è: tutto quello che non rientra nell'economia non rientra nel cammino della società».[4]

Probabilmente per neutralizzarne il potenziale sovversivo, si tenta spesso di far rientrare la decrescita nell'ambito dello sviluppo sostenibile, mentre il lancio dello slogan «decrescita» è stato necessario proprio per uscire dall'impostura dello sviluppo sostenibile, espressione pigliatutto che si ritrova anche sui sacchetti di caffè Lavazza del Tgv.[5]

Testimoniano di questa mistificazione, fra le tante, le dichiarazioni di alti responsabili dell'economia, primi fra tutti il direttore generale della Nestlè Peter Brabeck-Letmathe e Michel-Edouard Leclerc. «Lo sviluppo sostenibile – afferma il primo – è facile da definire: se il vostro bisnonno, vostro nonno e i vostri figli sono stati e sono consumatori fedeli di Nestlè, allora abbiamo lavorato in modo sostenibile. E questo vale per più di cinque miliardi di persone nel mondo».[6] «L'espressione "sviluppo sostenibile" – afferma invece il secondo – ha un significato talmente ampio che, condita in tutte le salse, può essere rivendicata da chiunque. E poi, è vero, è un'idea alla moda, sia nel mondo delle imprese che nel dibattito sociale. E allora? In tutte le epoche, i commercianti sono stati capaci di

[4] Citato in Kempf, *Pour sauver la planète*, p. 112.

[5] Si veda l'appendice a questo capitolo.

[6] Brabeck-Letmathe, intervento al forum di Davos del 2003, citato da Jacquiau, *Les coulisses du commerce équitable*, p. 151.

appropriarsi dei buoni slogan».[7] Si tratta in effetti della «mutazione pubblicitaria», secondo l'espressione di Yves Cochet, di una economia produttivista con il fiato corto. Nelle stazioni di servizio dell'autostrada del Sud, anche l'orinatoio Urimat di Sanitec «contribuisce allo sviluppo sostenibile». Dove andrà ad annidarsi ancora questo slogan pubblicitario?

Si tratta al tempo stesso di un pleonasmo al livello della definizione e di un ossimoro al livello del contenuto. Pleonasmo perché lo sviluppo è già una «crescita autosostenuta» (*self-substaining growth*), secondo Walt Rostow, il grande ideologo del concetto. Ossimoro, perché lo sviluppo non è né sostenibile né durevole.[8]

Siamo chiari. Il problema non riguarda tanto il «sostenibile» o il «durevole» quanto lo sviluppo stesso. L'aggettivo «durevole» rimanda in certo modo al principio di responsabilità del filosofo Hans Jonas e al principio di precauzione allegramente violato dallo sviluppo con il nucleare, gli Ogm, i telefoni cellulari, i pesticidi (Gaucho, Paraquat), la Direttiva Reach, senza voler risalire al caso dell'amianto. Al contrario, «sviluppo», come «crescita», è una parola tossica quale che sia l'aggettivo che gli si vuole accoppiare.[9] Si tratta di termini che svolgono perfettamente la missione che Marx attribuisce all'i-

[7] Leclerc, in «Le Nouvel économiste», 26 marzo 2004, citato da Jacquiau, *Les coulisses du commerce équitable*, p. 281.

[8] È interessante notare che secondo il Wwf (rapporto 2006) soltanto un paese rispetta i criteri dello sviluppo sostenibile, cioè uno sviluppo umano elevato e un'impronta ecologica sostenibile: Cuba! Malgrado questo, e in contraddizione con i dati forniti, il rapporto Stern inalbera un ottimismo di facciata (come d'altronde anche Nicolas Hulot): «We can be green and grow» (Possiamo essere verdi e crescere).

[9] Anche un economista convenzionale come Claudio Napoleoni alla fine della vita scriveva: «Non possiamo più accontentarci di immaginare un "nuovo modello di sviluppo". L'espressione "nuovo modello di sviluppo" è priva di senso. Se si tratta di trovare un nuovo modello, non sarà più un modello di sviluppo [...]. Non credo si possa risolvere contemporaneamente il problema di una crescita più forte e di un cambiamento qualitativo dello sviluppo» (Napoleoni, *Cercare ancora*, p. 92).

deologia: nascondere gli interessi del capitale dietro l'illusione di un interesse generale, paralizzando in questo modo la resistenza delle vittime. Sono veri e propri veleni del pensiero. Per realizzare nell'immaginario l'impossibile quadratura del cerchio, lo sviluppo sostenibile ha inventato poi la sua controfigura, la «crescita verde», un altro bell'ossimoro, e il suo strumento privilegiato, i «meccanismi di sviluppo puliti», espressione che indica tecnologie a basso consumo di energia e con scarsa emissione di ossido di carbonio, fatte rientrare nella categoria dell'ecoefficienza. Ma siamo di nuovo nel regno della diplomazia verbale. È vero che il giacimento delle parole è inesauribile, ma il suo sfruttamento non può sostituirsi all'infinito a quello delle risorse naturali in via di esaurimento. I successi innegabili e auspicabili della tecnica non contraddicono la logica suicida della crescita e dello sviluppo. È un modo di cambiare la medicazione invece di pensare al cambiamento... Certo, con migliori carburatori si brucia meno petrolio e con lampade a basso consumo si consuma meno energia, ma se si fanno girare i motori per più tempo e se si accendono sempre più lampade, il problema non è risolto. Nel migliore dei casi si riesce a ridurre il ritmo di crescita del consumo energetico e ad allontanare il momento inevitabile del crollo.

Con la crisi economica, la crescita verde è diventata, a destra come a sinistra, la panacea, il cuore di un New Deal ecologico, che permette un *greenwashing* e il rilancio di un capitalismo rifondato, etico e responsabile, drogato con gli ormoni dell'ecobusiness.

La lotta tra le classi e le battaglie politiche si combattono dunque anche nell'arena delle parole. Lo sviluppo, come concetto etnocentrico ed etnocida, si è imposto con la seduzione, combinata con la violenza della colonizzazione e dell'imperialismo, attraverso un vero e proprio «stupro dell'immaginario» (secondo la bella espressione di Aminata Traoré).[10] La battaglia delle parole infuria, anche quando si tratta soltanto di imporre delle sfumature semantiche che possono sembrare minime. Per esempio, verso la fine degli anni ottanta, il *sustainable development* ha trionfato sull'espressione più neutra «ecosviluppo», adottata nel 1972 alla conferenza di Stoccolma, sotto la pressione della lobby industriale americana e grazie all'intervento personale di Henry Kissinger. Dietro le dispute sulle parole si distinguono perfettamente le divergenze di idee, di concezioni del mondo e di interessi (e non soltanto di analisi).[11] Lo «sviluppo sostenibile», invocato in modo incantatorio in tutti i programmi politici, serve soltanto, secondo Hervé Kempf, «a mantenere i profitti e a evitare il cambiamento delle abitudini, modificando appena la rotta».[12] Parlare di un *altro* sviluppo o di un'*altra* crescita rivela o una grande ingenuità o una grande doppiezza. Va ricordato che quando, nel 1972, il presidente della Commissione europea Sicco Mansholt, riprendendo coraggiosamente le indicazioni del primo rapporto del Club di Roma, tentò di riorientare le politiche di Bruxelles nel senso di una messa in discussione della crescita, il commissario francese Raymond Barre espresse pubblicamente il proprio dissenso. Finì che ci si accordò sulla necessità di rendere la crescita più umana e più equilibrata. Già allora... Sappiamo quale è stato il risultato. All'epoca il segretario generale del partito comunista francese denunciò questo progetto di riconsiderazione della crescita come il «programma mostruoso» dei dirigenti della Cee. Le cose si sono evolute, fortunata-

[10] Traoré, *Le viol de l'imaginaire*.

[11] Neanche il movimento *alternativo* sfugge alla diatriba. «Mi sono battuto contro la parola crescita, che usurpava quella di sviluppo. E oggi lotto contro quella di decrescita», afferma Lipietz, *Peut-on faire l'économie de l'environnement?*, p. 117.

[12] Kempf, *Comment les riches détruisent la planète*. Kempf aggiunge: «Ma sono i profitti e le abitudini che ci impediscono di cambiare rotta».

mente. Secondo Bernard Saincy, responsabile della Cgt, il sindacato un tempo vicino al partito comunista, nel 2006 è stata raggiunta una nuova tappa, quando lo sviluppo sostenibile è diventato l'orientamento del sindacato, con lo slogan «dare un nuovo contenuto alla crescita».[13] Ancora uno sforzo, compagni!

Certamente bisogna distinguere «sviluppo» e «crescita» (con la minuscola), fenomeni di evoluzione che riguardano una realtà precisa (la popolazione, la produzione di patate, la quantità di rifiuti, la tossicità delle acque ecc.), e che possono essere (o meno) del tutto auspicabili, da «Sviluppo» e «Crescita» (con la maiuscola), concetti astratti che indicano il dinamismo economico, che è fine a se stesso. La confusione tra i due livelli non è casuale. È sapientemente nutrita dal pensiero dominante. Come dice Richard Heinberg: «Siamo ridotti a dipendere da un sistema economico fondato sulla credenza secondo cui la crescita è normale, necessaria e può durare indefinitamente».[14] In poche parole, quando noi sosteniamo la necessità di uscire dallo sviluppo e dalla crescita, sosteniamo innanzitutto la necessità di rifiutare l'immaginario della società della crescita e la religione dello sviluppo economico illimitato. Questa decolonizzazione dell'immaginario precede qualsiasi costruzione di una via alternativa.

La rottura delle cose. Uscire dal delirio produttivista

Lo sviluppo sostenibile viene spesso rappresentato, nella propaganda degli esperti, con tre cerchi separati che indicano l'economico, il sociale e l'ambientale. Tecnicamente, questa rappresentazione presuppone una autonomia dell'economico che esiste soltanto nella testa dei suoi

[13] Conversazione con Saincy e Fabrice Flipo, *Cgt et Amis de la Terre*, p. 176.
[14] Heinberg, *Pétrole, la fête est finie*, p. 240.

adepti. «Gli economisti ufficiali – osserva Yves Cochet – ripetono a sazietà che il costo dell'energia nel Pil rappresenta circa il 5 per cento, e che di conseguenza non c'è di che preoccuparsi. Al che noi rispondiamo che se si togliesse questo 5 per cento all'economia, l'altro 95 per cento non esisterebbe più».[15] A differenza della fantaeconomia dei manuali, l'economia reale non può prescindere dalla dipendenza dalla biosfera.

La crisi che si annuncia nel 2007 con lo scoppio della bolla finanziaria negli Stati Uniti e che diventa economica e mondiale a partire dal 16 settembre 2008, con il fallimento della banca Lehman Brothers, rivela in qualche modo la fine della società produttivista. Ma la riflessione teorica sul doposviluppo, andata avanti in Francia in modo quasi sotterraneo tra il 1972 (la grande epoca di Nicholas Georgescu-Roegen, Ivan Illich e André Gorz) e il 2002 (l'anno del convegno *Défaire le développement, refaire le monde* all'Unesco e del «lancio» della decrescita) anticipa molto chiaramente la crisi della società di mercato globalizzata e propone una via di uscita positiva, la costruzione di una società autonoma democratica ed ecologica: la società della decrescita. La crisi prevista e denunciata non è soltanto finanziaria, economica, sociale ed ecologica, è anche e più fondamentalmente culturale e di civiltà.

L'analisi della scuola del doposviluppo, soprattutto francese, si distingue dalle analisi e dalle posizioni delle altre critiche dell'economia globalizzata contemporanee (movimento altermondista o movimento per l'economia solidale) per il fatto che non colloca al centro del problema il neo- o ultraliberalismo, o quella che Karl Polanyi chiamava l'«economia formale», ma la logica stessa della crescita, vista come l'*essenza* dell'economicità. In questo, il progetto dei «partigiani» della decrescita o degli «obiet-

[15] Cochet, *Antimanuel d'écologie*, p. 250.

tori di crescita» è radicale. Non si tratta di sostituire una «buona economia» a una «cattiva economia», una «buona crescita» a una «cattiva crescita» o un «buono sviluppo» a un «cattivo sviluppo» ridipingendoli di verde, o di sociale, o di equo, con una dose più o meno forte di regole etiche o di ibridazione con la logica del dono e della solidarietà: si tratta di *uscire* dall'economia.

Questa formula in genere non viene capita, perché è difficile per noi prendere coscienza del fatto che l'economia è una religione. A rigore, dovremmo parlare di acrescita come parliamo di ateismo. Bisogna diventare degli atei dell'economia, cioè non considerare un'evidenza indiscutibile il fatto che la crescita di qualsiasi cosa in modo illimitato è una buona cosa, e che la produzione di beni materiali è più importante dell'organizzazione politica o della felicità familiare. Evidentemente, come tutte le specie viventi, l'uomo deve *metabolizzarsi* con il suo ambiente naturale. Come qualsiasi società umana, una società della decrescita dovrà organizzare la produzione della propria vita e dunque utilizzare in modo ragionevole le risorse del suo ambiente e consumarle attraverso beni materiali e servizi, ma un poco come le società dell'abbondanza dell'età della pietra descritte da Marshall Sahlins, che non sono mai entrate nell'economico.[16] La società della decrescita non sarà costretta nella camicia di forza della scarsità, dei bisogni, del calcolo economico e dell'*homo oeconomicus*.

Le basi immaginarie dell'istituzione dell'economia devono essere rimesse in discussione. Come aveva visto correttamente Jean Baudrillard, «una delle contraddizioni della crescita è che produce al tempo stesso beni e bisogni, ma non li produce allo stesso ritmo». Ne deriva quella che Baudrillard designa come «pauperizzazione psicologica», uno stato di insoddisfazione generalizzata

[16] Sahlins, *Stone Age Economics*.

che «definisce la società della crescita come il contrario di una società dell'abbondanza».[17] La frugalità ritrovata, una volta che gli individui si sono liberati dall'asservimento pubblicitario creatore di bisogni, permette di ricostruire una società dell'abbondanza fondata su quella che Ivan Illich chiamava la «sussistenza moderna», ovverosia «il modo di vita in una economia postindustriale nella quale le persone sono riuscite a ridurre la loro dipendenza dal mercato, e ci sono riuscite proteggendo, con mezzi politici, una infrastruttura all'interno della quale tecniche e strumenti servono, in primo luogo, a creare valori d'uso non quantificati e non quantificabili da parte dei fabbricanti di bisogni di professione».[18]

Abbiamo scritto che la società della decrescita, e comunque quella che potrebbe essere realizzata a partire dalla situazione attuale (ma anche, se sventura volesse, a partire dalle rovine e dai detriti della società dei consumi), non abolirà necessariamente né il denaro, né i mercati e neppure il lavoro salariato. Tuttavia, non sarà più una società dominata dal denaro, una società con un mercato onnipresente, una società salariale. Senza aver soppresso direttamente la proprietà privata dei mezzi di produzione e ancor meno il capitalismo, sarà una società sempre meno capitalistica, in quanto sarà riuscita ad abolire lo spirito del capitalismo e in particolare l'ossessione della crescita (dei profitti, ma non solo). Certo, la transizione implica regole e ibridazioni. In concreto, si tratterà di fissare regole che inquadrino e limitino lo scatenamento dell'avidità degli agenti economici (ricerca del profitto, del «sempre di più»): protezionismo ecologico e sociale, legislazione del lavoro, limitazione delle dimensioni delle imprese ecc.

Uscire dall'immaginario economico implica dunque una serie di rotture estremamente concrete, e in primo luogo

[17] Baudrillard, *La société de consommation*, pp. 83-87.
[18] Illich, *Le chômage créateur*.

la «demercificazione» delle tre merci *fittizie* che sono il lavoro, la terra e la moneta. Sappiamo che Polanyi vedeva nella trasformazione forzata in merce di questi tre pilastri della vita sociale il momento fondante del mercato autoregolatore. Il loro ritiro dal mercato globalizzato segnerebbe il punto di partenza di una reintegrazione/reinquadramento dell'economia nel sociale. Parallelamente alla lotta contro lo spirito del capitalismo, bisognerà dunque favorire le imprese miste, dove lo spirito del dono e la ricerca della giustizia temperano la violenza del mercato; in questo campo, le proposte concrete degli altermondisti e dei sostenitori dell'economia solidale possono avere il pieno appoggio dei partigiani della decrescita. Se il rigore teorico (l'etica della convinzione di Max Weber) esclude le compromissioni del pensiero, per altro verso il realismo politico (l'etica della responsabilità) comporta dei compromessi. Per questo, se il progetto politico della decrescita è rivoluzionario, il suo programma di transizione *elettorale* non può che essere riformista.[19]

Per rappresentare la rottura che richiede la realizzazione di una società liberata dall'ossessione della crescita, noi abbiamo proposto un «circolo virtuoso» di sobrietà e di libera scelta costituito da otto «R»: Rivalutare, Riconcettualizzare, Ristrutturare, Rilocalizzare, Ridistribuire, Ridurre, Riutilizzare, Riciclare. Questi otto obiettivi interdipendenti sono stati scelti perché ci sembra possano avviare una dinamica di decrescita serena, conviviale e sostenibile. Sono obiettivi che delineano una utopia nella migliore accezione del termine, ovverosia la costruzione intellettuale di un funzionamento ideale. Ma

[19] In questo concordiamo con il punto di vista di Arne Naess: «Riforma o rivoluzione? Penso a un cambiamento di dimensioni e profondità rivoluzionarie attraverso una quantità di piccoli progressi in una direzione radicalmente nuova. Questo mi colloca fondamentalmente al fianco dei riformismi politici? Non è così: *la direzione è rivoluzionaria, la via è quella della riforma*» (*Ecologie, communauté et style de vie*, p. 231).

questa utopia è anche concreta, nel senso che parte dai dati esistenti e dalle evoluzioni auspicabili per tentare di costruire un altro mondo, nulla di meno che una nuova civiltà. A questo livello, il lato utopistico prevale comunque sull'aspetto concreto. È chiaro che, riguardo alle realizzazioni pratiche, non si può e non si deve pensare una società della decrescita uguale in Texas e nel Chiapas, nel Senegal e in Portogallo. La decrescita, matrice di alternative piuttosto che alternativa unica, riapre l'avventura umana alla pluralità dei destini.

Il secondo livello, quello della realizzazione pratica, presuppone un inserimento molto maggiore nel contesto. È questo il senso del programma seguente, in dieci punti, proposto per la Francia nel 2007:

1. Ristabilire una impronta ecologica sostenibile
2. Ridurre i trasporti internalizzando i costi attraverso ecotasse adeguate
3. Rilocalizzare le attività
4. Ristabilire l'agricoltura contadina
5. Ridistribuire i profitti ricavati dall'aumento di produttività per ridurre il tempo di lavoro e creare occupazione
6. Rilanciare la «produzione» di beni relazionali
7. Ridurre gli sprechi di energia di un fattore 4
8. Ridurre sostanzialmente lo spazio pubblicitario
9. Riorientare la ricerca tecnico-scientifica
10. Riappropriarsi del denaro

Nel quadro europeo, questo programma *elettorale* costituisce, a nostro avviso, una prima tappa sulla via rivoluzionaria dell'utopia concreta di una società della decrescita. Molte proposte «alternative» che non si richiamano esplicitamente alla decrescita possono perfettamente trovarvi spazio, il che è un fatto assolutamente positivo. L'importante è mantenere la rotta dell'utopia concreta.

La crisi, come vedremo, ha arricchito la nostra analisi, da una parte facendoci introdurre il decimo punto – la riappropriazione del denaro – e d'altra parte facendoci riflettere su un'esperienza molto vicina alla decrescita, quella del movimento delle città in transizione del Regno Unito, con l'apporto del concetto di *resilienza* (capacità di un ecosistema di adattarsi al cambiamento del proprio ambiente), più esplicito e più rigoroso di quello di autosostenibilità.

In effetti, nell'immediato si tratta di soffocare la crisi e di rimediare alla proliferazione finanziaria.[20] Per questo, è necessario regolamentare l'attività delle banche e della finanza. Bisogna *ricompartimentare* il mercato finanziario mondiale. *Riframmentare* gli spazi monetari significa invertire senza timidezze il movimento di globalizzazione finanziaria, per esempio abolendo la titolarizzazione dei crediti o l'eccesso degli effetti di leva (aumento dei tassi di copertura). Molto probabilmente, bisognerà sopprimere i mercati a termine e ritornare a sistemi più classici di assicurazione per gli importatori e gli esportatori (le cui operazioni, d'altronde, dovranno essere ricondotte a livelli più ragionevoli dalla indispensabile limitazione degli eccessi del libero scambio e dalla rilocalizzazione). Si può anche pensare, come suggerisce Frédéric Lordon, alla chiusura delle borse.[21]

Riappropriarsi della moneta significa forse ritrovare coscientemente qualcosa dei significati arcaici del denaro. Infatti, secondo l'antropologo William H. Desmonde, la moneta primitiva «simboleggiava la reciprocità tra le persone, cioè quello che le collegava emotivamente con la loro comunità: era un simbolo dell'anima degli indivi-

[20] Per esempio, presso una banca di investimento con cento dollari si possono ottenere mille dollari, che a loro volta permettono di prendere posizione sul mercato dei derivati (*futures*) per 375 000 dollari.

[21] Lordon, *L'urgence du contre-choc*.

dui».[22] Comunque sia, la prima cosa da fare per riframmentare gli spazi monetari è la reintroduzione della pluralità (diversi tipi di monete, non necessariamente convertibili l'una con l'altra): una moneta per gli scambi di prossimità tra attori che si conoscono e che hanno relativamente fiducia gli uni degli altri, sulla quale è vietato speculare, e una moneta per gli scambi anonimi esterni, di uso limitato e sottoposta a controllo. La funzione delle monete locali, sociali o complementari è di mettere in relazione bisogni insoddisfatti con risorse che altrimenti rimarrebbero inutilizzate. Una moneta complementare permette di mobilitare beni disponibili che, in assenza di essa, non potrebbero essere usati per soddisfare una domanda non solvibile. È il caso per esempio degli alberghi, dei ristoranti o dei trasporti collettivi per quanto riguarda i posti liberi. La scala ottimale di un sistema monetario regionale si colloca probabilmente in una forchetta tra le diecimila e il milione di persone: questo corrisponderebbe a una bio- o ecoregione e realizzerebbe un buon equilibrio tra efficienza e resilienza. L'efficienza implica un minimo di centralizzazione per beneficiare delle economie di scala (ma con il rischio di fragilità dovuto alla monofunzionalità e all'iperspecializzazione), mentre la resilienza presuppone scala ridotta e plurifunzionalità.

Il concetto di resilienza, preso in prestito dalla fisica da parte dell'ecologia scientifica, può essere definito come la permanenza qualitativa della rete di interazioni di un ecosistema, o, più in generale, come la capacità di un sistema di assorbire le perturbazioni e di riorganizzarsi conservando essenzialmente le sue funzioni, la sua struttura, la sua identità e le sue retroazioni. La diversità necessaria alla resilienza degli ecosistemi (naturali e umani) richiede dunque di ricreare una certa «riframmentazione degli spazi». Per esempio, i grandi agglomerati ur-

[22] Citato da Lietaer e Kennedy, *Monnaies régionales*, p. 204.

bani come potranno affrontare la fine del petrolio, l'aumento della temperatura e tutte le altre catastrofi prevedibili? La risposta dell'esperienza ecologica è che, se la specializzazione permette di aumentare i risultati in un settore, mina la solidità dell'insieme. Al contrario, la diversità migliora la resistenza e le capacità di adattamento. Reintrodurre gli orti, la policultura, l'agricoltura di prossimità, la permacultura, sviluppare le Amap (Associazioni per il mantenimento dell'agricoltura contadina) e piccole unità artigianali, moltiplicare le fonti di energia rinnovabile: tutto questo rafforza la resilienza.

Una produzione locale (disponibile a meno di cento chilometri di distanza), stagionale, fresca, tradizionale, agroecologica, può perfettamente sostituire l'offerta commerciale della grande distribuzione, spesso poco scrupolosa nei confronti dei piccoli produttori. Le Amap permettono il radicamento, in zona periurbana, di un'economia sociale e solidale, nonché l'insediamento di giovani agricoltori che rifuggono dalle tentazioni malsane dell'agroindustria, e dunque favoriscono il mantenimento, o la riconquista, dell'occupazione agricola. Questo scambio conviviale di frutta e verdura costruito su un impegno reciproco tra attori economici è perfettamente nello spirito della decrescita.

La decrescita, lo abbiamo detto più volte, non è *una* alternativa ma una *matrice di alternative*. Non si realizzerà allo stesso modo in Europa, nell'Africa subsahariana o in America Latina. Poiché si tratta di uscire dal paradigma dell'*homo oeconomicus* unidimensionale, principale fonte dell'omologazione planetaria e del suicidio delle culture, è necessario favorire e ritrovare la diversità e il pluralismo. Tuttavia, poiché gli *altri* mondi che noi crediamo possibili e che vogliamo veder realizzati assomigliano ben poco a quello in cui viviamo, è tempo di diventare degli atei dell'economia, di uscire dallo sviluppo e di reinquadrare l'economico nel sociale attraverso una *Aufhebung* (abolizione/superamento). Non è affatto detto che abbiamo ancora trent'anni per farlo.

Insomma, lo sviluppo e la crescita non sono né durevoli né sostenibili perché si fondano sulla logica dell'illimitato. La crescita genera una *decrescita* forzata, cioè lo svuotamento delle risorse naturali non rinnovabili, così come la riduzione dello spazio disponibile. La crescita della popolazione, desiderabile o meno che sia, provoca automaticamente una riduzione del capitale o patrimonio naturale pro capite, che le contabilità nazionali non registrano in quanto si limitano a prendere in considerazione dei prodotti lordi, trascurando bellamente l'ammortamento. Per questo, i risultati economici riportati dalle statistiche devono essere seriamente rivisti al ribasso. Negare l'evidenza dei limiti fisici, dimenticare i suoli, il clima, la funzione insostituibile delle api e più in generale della biodiversità: è quello che fanno gli economisti. Come diceva Kenneth Boulding, grande economista lui stesso, «chi crede che una crescita esponenziale possa continuare all'infinito in un mondo finito o è un pazzo o è un economista». Il dramma è che ormai siamo tutti più o meno degli economisti. «Quello che è stato chiamato "sviluppo" nel corso della seconda metà del XX secolo – osserva Yves Cochet – si riassume in un unico fatto: l'accesso all'abbondanza petrolifera a buon mercato per produrre lavoro meccanico».[23] Ci sarà vita dopo lo sviluppo, questa bolla industriale sgorgata dai pozzi petroliferi, se riusciremo a uscire dall'economia.

Appendice. Sulla traduzione della parola «décroissance»

La traduzione letterale della parola francese *décroissance* nelle altre lingue neolatine non pone difficoltà: *decre-*

[23] Cochet, *Antimanuel d'écologie*, p. 108.

scita in italiano, *decrecimiento* in spagnolo,[24] *decreixment* in catalano, *decrescimento* in portoghese. La radice è la stessa, la denotazione identica, le connotazioni abbastanza simili. Per decrescere bisogna «decredere», e la prossimità semantica del credere e del crescere si ritrova in tutte queste lingue. Questo probabilmente spiega il relativo successo del movimento per la decrescita nei paesi dell'Europa del sud.

Viceversa, sorgono grossi problemi quando il termine *décroissance* deve essere tradotto nelle lingue germaniche, per esempio in inglese: una difficoltà in qualche modo simmetrica a quella che si ha nel tradurre i concetti di «sviluppo» o «crescita» (e dunque anche di «decrescita») nelle lingue africane, e che è estremamente rivelatrice dell'immaginario culturale, e nella fattispecie del dominio mentale dell'economicismo.

L'amico Michael Singleton, antropologo inglese, già professore a Louvain-la-Neuve e fine conoscitore dell'argomento, mi scrive: «Ho guardato nel mio *Roger's Thesaurus*, ma mancano le parole per esprimere il "cool down, take it easy, slacken off, relax man" associato alla decrescita. Esiste *decrement*, ma è un termine troppo esotico ed essenzialista (risultato più che processo) per rendere l'idea. A volte mi domando se non si potrebbe ricorrere a termini come *decrescendo*, *diminuendo* o *moderato*. "To grow or not to grow – that is the question!" "Moderate/moderating growth"? Oppure si potrebbe lasciare semplicemente *décroissance* nel testo, con una nota esplicativa a piè di pagina. Mi domando se la migliore traduzione di *décroissance* non possa essere *decreasing growth*, un'espressione che ha il vantaggio di indicare nello stes-

[24] Data l'abitudine dei giornalisti messicani di riferirsi al calo del Pil (–7% nel 2009) con il termine *decrecimiento* (decrescita), gli obiettori di crescita del Messico hanno coniato il neologismo *descrecimiento* per indicare il progetto di una società di sobrietà liberamente scelta non produttivista.

so tempo un processo passivo (una constatazione) e attivo: è necessario decrescere, e bisogna decrescere per il meglio (*decreasing* corrisponderebbe in questo caso a un progetto sociale, o ancora meglio a un vero e proprio progetto di società). Se invece si volesse utilizzare una forma nominale, *the decreasing of growth* è forse un po' più lungo e pesante, ma esprime comunque quello che vogliamo dire». D'altra parte, senza farsi troppi problemi di semantica, l'olandese Willem Hoogendijk, in un libro scritto in inglese,[25] ha elaborato una teoria organica della decrescita economica utilizzando i termini *shrinking* e *shrinkage*.

Il termine *décroissance* è stato utilizzato in francese come titolo di una raccolta di saggi di Nicolas Georgescu-Roegen sull'entropia, l'ecologia e l'economia.[26] Tuttavia, la parola utilizzata dall'autore è *declining*, che non rende in modo adeguato quello che noi intendiamo per «decrescita», come neppure *decrease*, proposto da altri. I neologismi *ungrowth*, *degrowth* o *dedevelopment* sono altrettanto poco soddisfacenti, anche se alla fine è stato scelto *degrowth*. Sono problematici anche i tedeschi *Schrumpfung* (decremento, contrazione) o *Minuswachstum* (crescita negativa). La traduttrice danese si strappa i capelli tra *Økwaekst* (crescita ecologica), *afvaekst* (decrescita) e *da.moelvaekst* (controcrescita). Gli ungheresi e i finlandesi si scontrano con lo stesso rompicapo. L'inglese *downshifting* (spostamento verso il basso) è il termine usato da chi sceglie la semplicità volontaria. Il termine rende bene il versante soggettivo. *Countergrowth*, proposto da altri, tradurrebbe invece il versante oggettivo. Questo «contro», secondo François Schneider, potrebbe o dovrebbe essere aggiunto anche al tedesco *Schrumpfung*. Nei paesi anglosassoni si parla anche di *uneconomic growth*,

[25] Hoogendijk, *The Economic Revolution*.
[26] Georgescu-Roegen, *La décroissance*.

per indicare la crescita a impatto negativo. Sono stati proposti anche *contraction*, *downscaling*, *way down* o *powerdown* (che dà il titolo a un libro di Richard Heimberg, il cui messaggio è abbastanza vicino a quello della decrescita).

Ultima grande società di crescita *occidentale*, il Giappone è un caso interessante. Il mio traduttore giapponese mi scrive: «Ho reso *décroissance/decrescita* con *decrescendo* (ha la stessa pronuncia che in francese e in italiano): un termine usato qui in Giappone in campo musicale, che mi è parso potesse far passare il messaggio. Il termine ha anche il merito di non fare riferimento alla crescita, che in giapponese è *seichou*. In Giappone esiste una profusione di termini per rendere l'idea di un'*altra* crescita e di un *altro* sviluppo, per esempio *datsu-seichou* (*de-growth*), *jizokukanouna-seichou* (crescita sostenibile), *ningenno-tameno-seichou* (crescita umana). Tutte queste espressioni hanno comunque al centro il concetto di crescita economica. Penso invece che il termine *decrescendo* permetta di distinguere il progetto della decrescita dai progetti di un'*altra* crescita, evitando la confusione concettuale».

Per le società non occidentali, il problema è più semplice: il doposviluppo e la critica della crescita (che corrispondono fondamentalmente a una messa in discussione dell'occidentalizzazione) non possono essere messi sotto la bandiera della decrescita, sarebbe un'assurdità. Ma non sono certo le possibili bandiere alternative che mancano. Il punto è che nella ricerca di modi di realizzazione collettiva non venga privilegiato un benessere materiale distruttore dell'ambiente e del legame sociale. L'obiettivo della buona vita si declina in molti modi a seconda dei contesti. In altre parole, si tratta di ricostruire/ritrovare nuove culture. Se si deve proprio dargli un nome, questo obiettivo si può chiamare *umran* (fioritura), come in Ibn Khaldun, *swadeshi-sarvodaya* (miglioramento delle condizioni sociali di tutti), come in Gandhi, *bamtaare* (stare bene insieme), come tra i toucouleur, *fidnaa/gabbina* (realizzazione di una persona ben nutrita e libera da preoccupazioni), come tra i borana dell'Etiopia, o semplicemente *sumak kausai* (ben vivere), come tra i quechua dell'Ecuador.[27] L'importante è indicare la rottura con l'impresa di distruzione che si perpetua sotto la bandiera dello sviluppo o, al giorno d'oggi, della globalizzazione. Queste creazioni originali, di cui si possono vedere qui e là degli inizi, aprono la speranza di un doposviluppo.

Si può dire dunque che, se la traduzione letterale perfetta è impossibile, in fin dei conti non è neppure da ricercare a tutti i costi, in quanto il doposviluppo è per natura plurale. Ciascuna società e ciascuna cultura deve uscire alla propria maniera dal totalitarismo produttivista, e crearsi un'identità fondata sulla diversità delle radici e delle tradizioni.

[27] Dahl e Megerssa, *The Spiral of Ram's Horn*, pp. 52 sgg.

Parte seconda

La via della felicità. Uscire dall'economia

> Diciamolo ancora più chiaramente: il prezzo da pagare per la libertà è la distruzione dell'economia come valore centrale e, di fatto, unico. È un prezzo poi tanto alto? Secondo me, sicuramente no: io preferisco mille volte avere un nuovo amico che una macchina nuova. Certo è una preferenza soggettiva. Ma «oggettivamente»? Lascio volentieri ai filosofi della politica il compito di «fondare» lo (pseudo-)consumo come valore supremo.
>
> Cornelius Castoriadis[1]

Che siamo in un vicolo cieco e che la catastrofe è imminente, se non già arrivata, sono constatazioni ormai ampiamente condivise. Anche i responsabili politici riuniti nel G20 di Londra nell'aprile 2009 hanno convenuto che bisogna uscire dall'ultraliberalismo e dal produttivismo. Regna invece una grande vaghezza per quanto riguarda la via d'uscita. Il più delle volte quello che viene proposto è una terapia paradossale di «modernizzazione». Si tratterebbe di aumentare ancora la dose di quello che ha generato la situazione attuale, secondo la celebre formula di George W. Bush a proposito dell'ambiente: «La crescita è la soluzione, non il problema». Tutt'al più, bisogna rendere la crescita più presentabile, ridipingendola di verde e aggiungendoci un pizzico di etica (codici di buona condotta a base di responsabilità sociale dell'impresa e di tassazione dei bonus). Così rimessa a nuovo, la buona vecchia accumulazione del capitale ridiventerà desiderabile per il popolo credulone. Le voci alternative, anche loro, ripetono nella maggioranza dei casi il ritornello di un'*altra* crescita, di un *altro* sviluppo, di un'*altra* economia. Il risultato è che fanno fatica a differenziarsi dalle proposte delle istituzioni esistenti, che a

[1] Castoriadis, *Démocratie et relativisme*, p. 131.

loro volta fanno sentire il canto delle sirene dello sviluppo sostenibile e della crescita verde. Fra tutte queste voci però, è interessante distinguere e ascoltare quella dell'economia della felicità. Questo tentativo di rifondare una teoria economica sulla felicità piuttosto che sull'avere coincide con l'obiettivo della gioia di vivere che si è dato il movimento della decrescita. L'analisi critica di questa proposta, vero e proprio ritorno del rimosso, permette di precisare che cosa significa concretamente uscire dall'economia e per quale strada è possibile raggiungere questo traguardo.

Il capitolo 3, *Spirito del dono, economia della felicità e decrescita*, abbozza un'indagine sull'obiettivo della felicità in una società liberata dall'economia. Il capitolo 4, *La decrescita è la buona novella di Ivan Illich?*, ripercorre il pensiero di uno dei grandi precursori del progetto di una società felice di decrescita e tenta di individuare il suo contributo alla realizzazione di questo progetto. Il capitolo 5, *La sfida dell'educazione alla decrescita*, si interroga sulle condizioni psichiche della realizzazione del progetto in rapporto alla formazione dei cittadini.[2]

[2] Il capitolo 3 ripropone il contributo presentato a un convegno organizzato a Milano da Luigino Bruni. Il capitolo 4 si basa sul mio intervento alle settimane di Cerisy-la-Salle in omaggio a Jean-Pierre Dupuy. Il capitolo 5 riprende per l'essenziale un articolo pubblicato con lo stesso titolo in «Politis», n. 48, ottobre-novembre 2008, e la prefazione al libro di Bernard Legros e Jean-Noël Deplanque, *L'enseignement face à l'urgence écologique*, Aden, Bruxelles 2009.

3.
Spirito del dono, economia della felicità e decrescita

> Nel XIX secolo la felicità è essenzialmente collegata al benessere, ottenuto grazie a mezzi meccanici, industriali, e grazie alla produzione. [...] Questa immagine della felicità ci ha fatto approdare alla società dei consumi. Oggi che ci accorgiamo che il consumo non fa la felicità, ci troviamo in una crisi di valori.
>
> Jacques Ellul[1]

La società economica della crescita e del benessere non realizza l'obiettivo proclamato della modernità, vale a dire la massima felicità possibile per il massimo numero di individui. Una Ong britannica, la New Economics Foundation, elabora da diversi anni, sulla base di inchieste, un indice della felicità (*happy planet index*) che ribalta l'ordine classico dei Pil pro capite e anche quello dell'indice di sviluppo umano (Isu). Per il 2009 la classifica stabilita dalla Ong vede in testa il Costa Rica, seguito dalla Repubblica Dominicana, dalla Giamaica e dal Guatemala. Gli Stati Uniti vengono soltanto al 114° posto.[2] Questo paradosso si spiega con il fatto che la società cosiddetta «sviluppata» si basa sulla produzione massiccia di decadenza, cioè su una perdita di valore e un degrado generalizzato sia delle merci, che l'accelerazione dell'«usa e getta» trasforma in rifiuti, sia degli uomini, esclusi e licenziati dopo l'uso, dai presidenti e manager ai disoccupati, agli homeless, ai barboni e altri rifiuti umani. La teologia utilizzava un bel termine per indicare la situazione di chi non era stato toccato dalla grazia: derelizione. L'italiano, più religioso, sceglie un termine laicizzato di uso quoti-

[1] Ellul, *Ellul par lui-même*, p. 72.
[2] www.happyplanetindex.org. Vedi anche Retico, *Felicità*.

diano e parla di «disgraziati». L'economia della crescita ha la derelizione come motore e moltiplica i «disgraziati». In effetti, in una società della crescita quelli che non sono dei *vincenti* o dei *killer* sono tutti più o meno dei falliti. Al limite, nella guerra di tutti contro tutti, c'è un solo vincente, dunque un solo *challenger* potenzialmente felice, anche se la sua posizione, di necessità precaria, lo condanna alla tortura dell'ansia. Tutti gli altri sono votati ai tormenti della frustrazione, della gelosia e dell'invidia. Così come si impegna nel riciclaggio dei rifiuti materiali, la decrescita deve interessarsi anche alla riabilitazione dei falliti. Se il miglior rifiuto è quello che non viene prodotto, il miglior fallito è quello che la società non genera. Una società *decente* non produce esclusi.

Su questo punto, alcune correnti della «scienza economica» concordano con le preoccupazioni degli obiettori di crescita. La critica della valutazione statistica del benessere attraverso il prodotto interno lordo (Pil) e quella dell'antropologia dell'*homo oeconomicus* hanno fatto nascere una «scuola» che ha trovato in Italia la sua terra di elezione con il nome di «economia della felicità», e che si rifà a un'antica tradizione di economia civile fondata sulla felicità pubblica.

Il rapporto tra la decrescita e l'economia della felicità è paradossale. Indubbiamente è attraverso il *nomos* (la convenzione / la legge) che il buon funzionamento dell'*oikos* (la casa e per estensione la società civile) può e deve essere ristabilito. Ma in che modo quella che chiamiamo *economia* (etimologicamente derivata da *oikos* e *nomos*) può pretendere di svolgere questo ruolo? L'*oikos* non è più la *polis* (la città), ma l'*oikoumene* (l'insieme della terra abitata). Soprattutto, l'economia, con la sua *hybris*, la sua dismisura, è uscita dalla dimensione del *nomos* (della convenzione) e dunque della politica. Con le sue cosiddette leggi, l'economia si pretende addirittura *fisiocratica* (sottoposta al potere della natura). Ma noi sappiamo fin dai greci che quello che regola le società non appartiene alla *physis*, alla natura, bensì al *nomos*. La scienza della buona vita, della gioia di vivere, per Aristotele non è né l'economia né la crematistica, ma semplicemente l'etica. La via della decrescita è per l'appunto un'etica. Come l'economia della felicità, la decrescita implica la fuoriuscita dall'antropologia dell'*homo oeconomicus*. L'uomo per noi non è soltanto un atomo calcolatore, è socialmente determinato e coinvolto nella logica del triplice obbligo del dono: obbligo di donare, obbligo di ricevere, obbligo di rendere. Questa legge della reciprocità è alla base della socialità *primaria*, quella della famiglia, del vicinato e delle reti relazionali. Il fatto che l'economia della felicità assegna, come anche la decrescita, un ruolo importante allo spirito del dono come antidoto allo spirito mercantile non sorprende, ma non basta a risolvere la contraddizione. Dà comunque un importante contributo in questo senso.

Lo spirito del dono e la società della decrescita

Lo spirito del dono è essenziale per la costruzione di una società della decrescita. È presente in ognuna delle otto «R» che formano il circolo virtuoso proposto per realizzare l'utopia concreta della società autonoma.[3] Ed è presente in particolare nella prima «R», Rivalutare, in quanto si tratta di sostituire ai valori della società mercantile – concorrenza feroce, ognuno per sé, accumulazione senza limiti – e alla mentalità predatrice nei rapporti con la natura, i valori dell'altruismo, della reciprocità, della convivialità e del rispetto dell'ambiente. Il mito dell'inferno delle lunghe forchette con cui si apre la seconda

[3] Ricordiamo questi otto obiettivi interdipendenti, in grado di avviare un circolo virtuoso di decrescita serena, conviviale e sostenibile: Rivalutare, Riconcettualizzare, Ristrutturare, Ridistribuire, Rilocalizzare, Ridurre, Riutilizzare, Riciclare. Si veda sopra, cap. 2, p. 55.

parte del mio libro *Le pari de la décroissance*,[4] è esplicito su questo punto: l'abbondanza combinata con il «ciascuno per sé» produce miseria, mentre la condivisione, anche nella frugalità, produce la soddisfazione di tutti, cioè la gioia di vivere. La seconda «R», Riconcettualizzare, insiste invece sulla necessità di ripensare la ricchezza e la povertà. La «vera» ricchezza è fatta di beni relazionali, quelli fondati per l'appunto sulla reciprocità e la condivisione: il sapere, l'amore, l'amicizia. All'inverso, la miseria è in primo luogo psichica e deriva dall'essere abbandonati in una «folla solitaria», con cui la modernità ha sostituito la comunità solidale.

L'ingresso nello spirito del dono, all'interno del progetto della decrescita, avviene innanzitutto con il riconoscimento del debito. Di un pesante debito ecologico, che va preso in carico se si vuole uscire dalla società della crescita. È essenziale ridurre il peso del nostro modo di vita sulla biosfera, l'impronta ecologica il cui eccesso è un prestito contratto con le generazioni future e l'insieme del cosmo, oltre che con le popolazioni del Sud. E c'è poi l'obbligo di restituire, attraverso le altre «R»: Ridistribuire, Ridurre, Riutilizzare, Riciclare. Ridistribuire rinvia all'etica della condivisione, Ridurre (l'impronta ecologica) al rifiuto della rapina e dell'accaparramento, Riutilizzare al rispetto per il dono ricevuto e Riciclare alla necessità di restituire alla natura e a Gaia quello che abbiamo preso in prestito.

Nella dimensione filosofica della decrescita si ritrova il primato del dono, ma di un dono poco esplicitato nella letteratura corrente in materia: quello dell'essere. L'idea della decrescita critica e denuncia l'economia e la modernità perché, fondamentalmente, sono la negazione del dono dell'essere. Istituendo la scarsità per mercantilizzare la fecondità della natura e rifiutando di prendere in

[4] Latouche, *Le pari de la décroissance*, cap. 6.

considerazione il «rovescio» della produzione mercantile – cioè i rifiuti, l'inquinamento, la distruzione dell'ambiente, lo sconvolgimento degli equilibri ecosistemici – la società della crescita dimostra di «dimenticare» l'essere. Quel che viene negato è la nostra situazione in un mondo al tempo stesso generoso e limitato, nel quale siamo condannati a vivere in simbiosi con le altre specie vegetali e animali senza pretendere di potercene affrancare. L'arroganza insensata dell'artificializzazione del mondo, rivelata dalle prospettive di transumanità dei progetti in cui convergono nanotecnologie, biotecnologie e tecnologie della comunicazione, manifesta il rifiuto della nostra condizione umana che è alla base della società della crescita. Per non essere in debito con Dio o con la natura, rifiutiamo il dono.

Infine, se la decrescita viene definita conviviale è proprio per indicare la presenza dello spirito del dono accanto o al posto dell'ossessione del profitto. La convivialità reintroduce lo spirito del dono nelle relazioni sociali accanto alla legge della giungla e si rifà in questo modo alla *philia* aristotelica. Questo va esattamente nel senso dell'intuizione di Marcel Mauss, che nel suo articolo del 1924 *Appréciation sociologique du bolchevisme* affermava la necessità, «al rischio di sembrare obsoleti e ripetitori di luoghi comuni», di ritornare «ai vecchi concetti greci e latini di *caritas*, che oggi traduciamo così male con carità, di *philia*, di *koinomia*, di questa "amicizia" necessaria, di questa "comunità", che sono la delicata essenza della *polis*».[5] C'è bisogno di questi concetti per scongiurare la rivalità mimetica e la pulsione distruttiva che minacciano ogni società democratica. «La giustizia – osserva Jacques Godbout – è superiore al cattivo funzionamento del dono, che si verifica molto di frequente». In questi casi si ha la sensazione insopportabile di essere vittime di un'ingiu-

[5] Citato in Chanial, *La délicate essence du socialisme*, p. 35.

stizia. Tuttavia, «la giustizia permette di uscire dal dono fatto per la fama, ma non permette di accedere alla grazia, che è aldilà della giustizia».[6] Nella società moderna, la giustizia è al tempo stesso necessaria e improbabile. Necessaria per evitare la guerra di tutti contro tutti che provocherebbe la scomparsa dei legami tradizionali. Improbabile in quanto presuppone l'uguaglianza, essa stessa impossibile, e un mondo distrutto dal fantasma della libertà senza limiti. Per questo, lo spirito del dono e la sua grazia sono indispensabili a una società della decrescita, perché sia conviviale. Una giustizia formale, anche quando funziona nel migliore dei modi, regola i conflitti tra gli individui ma rinchiude gli atomi sociali nel deserto della loro solitudine, senza portare rimedio alle situazioni di miseria morale e materiale che derivano in particolare dai conflitti di classe. Il dono lancia invece una sfida all'immaginario democratico. Esso, per la sua dimensione verticale, crea asimmetria e produce gerarchia. Articolare dono verticale e dono orizzontale è sicuramente la questione che sta al centro del progetto di democrazia ecologica olista che tentiamo di costruire. Questo rende necessario pensare una forma di autotrascendenza – alcuni diranno di spiritualità laica – che c'è da scommettere non dispiacerà ai fautori dell'economia della felicità.

La costruzione della società della decrescita implica dunque che si esca dall'economia, per rompere con la dismisura e l'eteronomia, cioè con la sottomissione alle leggi – pretese come naturali – del mercato. Abbiamo indicato a più riprese che per far questo è necessaria una decolonizzazione dell'immaginario. Ed è su questo punto che ci scontriamo con il progetto di un'economia della felicità. Si tratta, per noi, di ritrovare il politico e di riappropriarsi del proprio destino. Decidere insieme, democraticamente, di autolimitarsi. La produzione e il consumo

[6] Godbout, *Ce qui circule entre nous*, p. 227.

necessari, desiderabili e possibili saranno reincastonati nel sociale. Tuttavia, uscire dall'economia, abbiamo anche ripetuto in molte occasioni, significa che la società della decrescita non sarà né una società di mercato né una società salariale, né una società capitalistica, perché non sarà soggetta alla legge economica, all'imperio del «sempre di più». La rivoluzione della decrescita produce un reincastonamento dell'economia nel sociale (e, di conseguenza, nella biosfera) che sconvolge i termini stessi del problema. Ma reincastonare l'economia significa in primo luogo farla saltare...

La decolonizzazione dell'immaginario permetterà la riappropriazione della moneta da parte della società e l'ibridazione dello scambio mercantile con lo spirito del dono. I mercati-incontri di cui l'Africa offre ancora molti esempi sono sempre stati spazi di commercio sociale piuttosto che di esclusione. E lo sono ancora malgrado la penetrazione del capitalismo occidentale. Per molti secoli, c'è stata *una quota* di capitalismo (a Bruges, a Venezia, a Genova, a Firenze ecc.) in una società cristiana, feudale e comunitaria. È dunque concepibile e auspicabile che ci sia una società del dopocrescita non dominata dall'ossessione dell'accumulazione illimitata, nella quale la *cosa* economica non occupa il centro della scena. Non si tratta di abolire tutte le istituzioni colonizzate dall'economico, ma di restituirle alla socialità. Gli scambi di prodotti e di servizi (compreso il lavoro) non sarebbero più semplici scambi di cose, oggetti di calcolo monetario, ma ridiventerebbero scambi tra uomini (per il meglio come per il peggio...). Va ripetuto: l'uscita dall'economia è esattamente una *Aufhebung* in senso hegeliano (abolizione/superamento). Uscire dall'economia significa rinunciare all'idea di una scienza economica come disciplina indipendente e formalizzata.

L'economia della felicità e la decrescita

Nella categoria di «economia della felicità» si possono far rientrare, oltre alla scuola che porta questo nome, tutti i tentativi di proporre un'*altra* economia. In questi diversi progetti ritroviamo l'idea, che è anche la nostra, di uscire, in teoria e nella pratica, dall'economia dominante ortodossa, mercantile, capitalistica ecc., produttrice della banalità del male. Tutti i discorsi sull'economia *alternativa* danno anche ampio spazio alla dimensione etica. Si tratta di trovare, anche qui sia in teoria che nella pratica, la «buona» economia. In questo quadro lo spirito del dono viene a svolgere in qualche modo il ruolo di *deus ex machina*: è quello che permetterebbe all'economia di (ri)diventare umana. Noi abbiamo denunciato in modo radicale questo progetto di «economia morale come un ossimoro».[7] Per noi, uscire dall'imperialismo dell'economia e costruire una società della decrescita comporta un versante teorico – uscire dall'economia politica come discorso dominante – e un versante pratico – rompere con l'economia della crescita. Inoltre, il progetto della decrescita assegna un ampio ruolo all'etica. Tuttavia, non si tratta di uscire da una *cattiva* economia per entrare in una problematica «altra economia»[8] che sarebbe *buona*, ma di uscire dall'economia per ritrovare la società, l'etica e la politica.

È soltanto una battaglia di parole? Diciamo che in parte la si può vedere così. Noi non assegniamo lo stesso significato al significante «economia». Ritroviamo qui l'antica *querelle* sugli universali che ha infuriato tra gli scolastici delle università medievali. L'economia, lo sviluppo

[7] Si veda nel mio libro *Justice sans limites* il capitolo così intitolato.

[8] Né di uscire dalla «discrescita» o dalla «malacrescita» di cui parla Bernard Stiegler per entrare nella «eucrescita» proposta da Alain Caillé, o ancora nella problematica «crescita sobria» di François Bayrou o in altre «altercrescite».

e la crescita sono essenze soggette a modifiche, sostanze soggette ad accidenti, oppure sono categorie storiche convenzionali costruite per parlare dei fenomeni vissuti? Noi optiamo per il nominalismo, cioè per la seconda risposta. In altre parole, non pensiamo che esista un'essenza eterna e universale dell'economia. L'economia viene inventata come teoria e come pratica con la modernità, e le è consustanziale. Per noi, la *oikonomia* di Aristotele non è la *nostra* economia, che corrisponde piuttosto a quello che il filosofo greco chiamava «crematistica» (scienza dell'accumulazione della ricchezza con la ricchezza). Comunque sia, se l'*altro*, nell'*altra economia*, nell'*altro sviluppo*, nell'*altra crescita*, è radicalmente *altro*, la posizione nominalista e la posizione realista finiscono per coincidere, in quanto l'*altro* designerebbe a quel punto qualcosa che non ha più nulla a che vedere con quello che di norma si intende per *economia*, *crescita*, *sviluppo* ecc. Ma allora, dirà il nominalista, perché parlare ancora di economia e non di sociologia o di antropologia? L'attaccamento feticista alle parole non nasconde un'ultima resistenza alla cosa?

In ogni caso, il progetto di «buona» economia, se portato avanti seriamente, apre prospettive che non possono non interessare il sostenitore della decrescita e arricchire il suo stesso progetto. La cosa vale in particolare nei casi dell'economia del consumo di Arnaud Berthoud o dell'economia della felicità di Luigino Bruni.

Berthoud in effetti distingue tra una «buona» e una «cattiva» economia e tra un «buono» e un «cattivo» consumo, mentre noi parliamo della necessità di uscire dall'economia e tendiamo a denunciare la trappola delle parole e a cercare altri concetti. «L'economia dominata dal denaro – scrive Berthoud – non è la sola economia concepibile e non rappresenta la vera economia umana. La vera economia, che una teoria pura non costruttivista può proporre, ispirandosi ad Aristotele, è l'economia del consumo». E ancora: «La sola vera alternativa a un'economia matematica è un'economia etica».[9] Si tratta in effetti di un'analisi sovversiva che, rifacendosi all'*oikonomikos* di Aristotele, delegittima radicalmente la scienza economica. Questa non è altro che una «crematistica». Il «vero» consumo consisterebbe invece nell'uso economo di un insieme di ricchezze di proprietà del soggetto allo scopo della felicità e «in amicizia» con se stesso. In questo modo Berthoud mette esplicitamente in discussione la dittatura della produzione, del valore di scambio e dunque implicitamente della crescita, e riabilita il dono primordiale e il relazionale non mercantile all'interno di un'arte dell'uso delle cose e delle persone che in qualche modo potrebbe costituire una guida teorica per la realizzazione di una società della decrescita.

«Prima di ogni produzione e acquisizione fatte dall'uomo – scrive ancora Berthoud – c'è un dono fatto dalla natura». Questo dono, che è il dono del suo luogo e del suo tempo di vita, l'uomo deve imparare ad accettarlo. E questa accettazione è l'accettazione dell'altro, pianta, animale o uomo. Ne deriva la reintroduzione dei rapporti personali nell'arte di consumare. «Consumare, ovvero nutrire la propria vita facendo uso dei propri simili o dei diversi beni materiali – prosegue Berthoud – significa innanzitutto riceverli all'interno di una cultura e di un mondo. In questo il dono precede la proprietà. L'accettazione è anteriore alla presa di possesso. L'accoglienza è il primo momento dell'appropriazione». E ancora: «Nell'economia di Aristotele, l'uso del simile ha la precedenza sull'uso delle cose, e la preoccupazione relativa all'"eccellenza delle persone" tiene conto delle funzioni, delle posizioni sociali e delle storie». L'economia politica e la scienza economica successive riceveranno da Adam Smith e dalla sua teoria del consumo una nozione di felicità an-

[9] Berthoud, *Une philosophie de la consommation*, pp. 192 e 163. Si veda anche il mio *Le pari de la décroissance*, cap. 6.

gusta e gretta, che per l'appunto esclude l'uso felice del simile. «Tutto quello che fa la gioia di vivere insieme e tutti i piaceri dello spettacolo sociale, in cui ciascuno si mostra agli altri in tutti i luoghi del mondo - mercati, officine, scuole, uffici, strade o piazze pubbliche, vita domestica, luoghi di svago... - vengono sottratti alla sfera economica e collocati nella sfera della morale, della psicologia o della politica. La felicità che ci si attende dal consumo si trova invece a essere separato dalla felicità degli altri e dalla gioia comune». Non c'è né godimento del dono, né piacere dell'uso di altri, e neppure del proprio dispendio di energia nello svolgimento dei compiti. È il naufragio di Robinson, questa figura mitica della *sinistra* scienza dei classici inglesi. «Il suo lavoro è vissuto come un male che gli permette di sfuggire a un male ancora più grande. La felicità non è altro che una distanza sempre maggiore dalla disgrazia - un'accumulazione sempre maggiore di prodotti che fanno sempre di più ostacolo al possibile ritorno al naufragio primitivo».[10]

Il buon uso della vita presuppone che si (ri)trovi il senso dei limiti e il «giusto» valore delle cose, ovverosia il contenuto di natura e di umanità delle cose stesse. I beni «relazionali» hanno un ruolo centrale in questa economia della felicità: «Quando il consumatore trova la sua felicità nell'uso dei suoi simili e delle cose, il suo godimento si rifrange come un fascio di luce di specchio in specchio e la felicità si moltiplica condividendosi». Il «vero» consumo è innanzitutto l'uso di tutti da parte di ciascuno: «Noi siamo poveri o ricchi a seconda della quantità, qualità e varietà dei servizi di cui disponiamo nella nostra vita coniugale, familiare e sociale». Questa qualità si esprime con i possessivi: «mia» moglie, «mio» marito, i «miei» figli, il «mio» amico, il «mio» medico, il «mio» idraulico, ma anche il «mio» macellaio, il «mio» panettiere, il «mio»

[10] Berthoud, *Une philosophie de la consommation*, pp. 35, 54, 37-39.

birraio, o il «mio» deputato. «L'uso degli altri per la conservazione del proprio essere trova nel consumo il suo momento principale ed esemplare. La collaborazione nel processo di produzione e la relazione reciproca nello scambio mercantile presuppongono entrambe questo primo momento del consumo del simile da parte del simile».[11]

Il sistema mercantile, che trasforma il godimento sensuale di una cura personale in un atto freddo e meccanico, rende la carne triste. Nel servizio mercantile, «il prezzo del servizio libera la relazione reciproca da qualsiasi servitù comune. [...] Non è più quello che lega immediatamente un uomo a un altro in un ambito simbolico e in una cultura all'insegna della dipendenza comune dal bisogno; è al contrario qualcosa che li separa l'uno dall'altro, integrandoli in una società mercantile dove ciascuno è svincolato da tutti gli altri».[12] Siamo nel cuore del deserto di ghiaccio dell'immaginario dell'economia classica formulato da Hobbes,[13] e la nozione di ricchezza si ritrova a essere schiacciata sul modello esclusivo del bene materiale. La lucida analisi di Berthoud mette in discussione la concezione moderna del consumo. Ma si può dire che la «vera» ricchezza, così come definita da Berthoud, fa ancora parte dell'economia? L'idea di una «economia delle persone» di Stéphane Breton, che si avvicina all'elaborazione di Berthoud, è interessante se si tratta di una metafora per denunciare l'impostura della scienza economica, ma pericolosa se si tratta di voler «salvare l'economia» a tutti i costi.[14]

[11] Berthoud, *Une philosophie de la consommation*, pp. 91, 43-44.

[12] *Ibid.*, p. 51.

[13] «Che nessuno entri più in relazione con gli altri, e che ciascuno faccia della propria vita di consumatore soltanto un affare eminentemente privato e solitario, che lo mette unicamente in relazione con le cose della natura!» (*ibid.*, p. 46).

[14] Si veda Berthoud, *La richesse et ses deux types*, p. 285. Lo stesso vale per le valutazioni della felicità nazionale lorda fatte a partire non dalle percezioni soggettive, come nel *happy planet index*, ma su basi «oggettive», anche se a par-

Il progetto di una «economia» civile di Luigino Bruni fa eco alla visione di Berthoud.[15] Anche Bruni si rifà alla tradizione aristotelica e sviluppa una critica dell'individualismo. «Utilizzo il termine "individuo" in senso tecnico – scrive – distinto dalla categoria di persona. Secondo la tradizione scolastica (da san Tommaso a Jacques Maritain), la persona è l'essere-in-relazione, che è se stesso soltanto in rapporto con gli altri; l'individuo, al contrario, esiste di per sé, ed è caratterizzato dalla sua autosufficienza e dalla sua indivisibilità (*in-dividuum*). L'idea antropologica alla base dell'economia post-smithiana è quella di individuo, non certo quella di persona». Bruni riesamina e rivaluta con uno sguardo critico i fondamenti delle comunità solidali: «L'idea di bene comune nell'Occidente premoderno non era associata a una *somma* di interessi privati; conteneva piuttosto, per così dire, una *sottrazione*: solo rinunciando a e rischiando qualcosa di "proprio" (del bene privato) si poteva costruire il "nostro" (il bene comune), il quale era comune in quanto non apparteneva a nessuno».[16] La costruzione di un'economia di questo tipo si rifà alla corrente dell'economia civile e alla scuola napoletana del XVIII secolo di Antonio Genovesi, quella della «pubblica felicità», soppiantata dal trionfo dell'economia politica scozzese. La felicità, così come intesa dall'Occidente, ridotta al benessere materiale misurato dal consumo individuale, era certo, secondo l'affermazione di Saint-Just, un'idea nuova in Europa alla vigilia della Rivoluzione francese, ma l'illuminismo napoletano rifletteva piuttosto su una forma di *felicità* terrestre – in attesa della beatitudine promessa ai giusti nell'aldilà – gene-

tire da concezioni plurali della buona vita. Si vedano le varie proposte di Jean Gadrey in *Le bonheur sur mesure*.

[15] Il progetto è stato sviluppato non soltanto da Luigino Bruni ma da tutto un gruppo di economisti italiani (soprattutto Stefano Zamagni, Benedetto Gui e Leonardo Bacchetti).

[16] Bruni, *La ferita dell'altro*, pp. 61 e 26.

rata da un *buon governo* preoccupato del bene comune. Pur accettando il mercato, la concorrenza e il perseguimento, da parte del soggetto mercantile, dell'interesse personale, i napoletani non ripudiavano l'eredità del tomismo e di Aristotele. Questi teorici dell'economia sono perfettamente consapevoli del «paradosso della felicità» riscoperto dall'economista americano Richard Easterlin. «È legge dell'universo – scriveva Genovesi – che non si può far la nostra felicità senza far quella degli altri». Ci sono voluti due secoli di distruzione frenetica del pianeta grazie al «buon governo» della mano invisibile e dell'interesse individuale per riscoprire queste verità elementari.[17]

Secondo i sostenitori dell'«economia della felicità», tutta l'economia moderna sarebbe stata costruita per evitare la «ferita dell'altro», cioè quel consumo del prossimo di cui parla Berthoud. Contro il rischio dell'orrore comunitario, la modernità ha sviluppato un progetto «immunitario». Il progetto smithiano si fonda sull'*immunitas* del mercato contro la *communitas*. In questo modo la benevolenza sopravvive soltanto come ultima risorsa del capitalismo compassionevole. La benevolenza alla quale, in Smith, può fare ricorso solo il mendicante, «assomiglia più al *munus* di cui parla Marcel Mauss (un dono che esprime e rafforza un'asimmetria di potere e di status nelle relazioni sociali, che obbliga colui che lo riceve a dare a sua volta) che al dono come espressione di gratuità e di libertà reciproca».[18] Smith riconosce che «riguardo alla vera felicità della vita umana i poveri non sono per nulla inferiori a coloro che sembrano essere infinitamente al di sopra di essi», ma della felicità l'economia da lui

[17] Verità che, tradotte in linguaggio scientifico grazie a test sperimentali, hanno addirittura valso un premio Nobel per l'economia a Daniel Kahneman (2002). Mettendo in evidenza un *treadmill effect* (effetto tapis roulant), Kahneman dimostrava che l'aumento del reddito rendeva necessaria la ricerca continua di nuovi consumi per mantenere lo stesso livello di soddisfazione.

[18] Bruni, *La ferita dell'altro*, p. 42.

inaugurata non fa parola. Nel mondo dell'economia, fino a non molto tempo fa appariva incongruo parlare di felicità, in particolare in Francia. Negli anni settanta, il tentativo di Philippe d'Iribarne e del Cereb (Centre d'études et de recherches sur l'économie du bien-être) di includere la felicità in una valutazione economica non ha dato risultati significativi, e dopo qualche anno il cantiere è stato abbandonato.[19] «In sostanza, la ferita che Smith vede e vuole evitare ricorrendo alla mediazione del mercato, non è la ferita che provocano l'amicizia e le relazioni orizzontali tra pari, ma quella prodotta dall'asimmetria del potere e delle forze oggettivamente in atto». In effetti, «se il mercato fosse soltanto una sfera limitata e ben distinta della vita – come lo sport o l'opera, o come lo erano i mercati dell'Ancien Régime – si potrebbe accettare senza troppe preoccupazioni, e addirittura con un certo entusiasmo, questa zona franca in cui è possibile incontrarsi senza ferirsi reciprocamente e senza sofferenza». Ma sfortunatamente le cose non stanno così: l'economia mercantile invade anche gli ultimi rifugi della vita privata. Di qui la necessità di (ri)trovare un'economia della felicità, reintroducendo nella relazione economica lo spirito del dono, concepito come gratuità. «L'economia civile non è *soltanto* gratuità [...]. Ma non c'è economia civile senza gratuità».[20]

«Il concetto chiave di una simile teoria della felicità, ovvero della realizzazione umana – scrive Bruni – è quel-

[19] Di felicità parlano più volentieri gli italiani e, paradossalmente, perfino gli inglesi. Tuttavia la *happiness* è concepita da questi ultimi come un «subjective well-being» (secondo la formula di Robert Lane), mentre il termine francese *bonheur* implica un superamento dell'individualismo che rimette in discussione il paradigma dell'economia.

[20] Bruni, *La ferita dell'altro*, pp. 45-46, 91. L'assimilazione del dono alla gratuità è abusiva, secondo la lezione di Mauss e del MAUSS, anche se «carisma viene dal greco *charis*, grazia, che significa letteralmente "ciò che dà la gioia" e che costituisce anche la radice della parola "gratuità"» (*ibid.*, p. 189). Il dono in realtà non è *gratuito*, in quanto crea un debito (l'obbligo di rendere), ma non è neppure mercantile e non esclude né la generosità né l'ostentazione.

lo del bene relazionale». Ma Bruni riconosce al tempo stesso che la costruzione di questa categoria ha come scopo quello di «salvare» la continuità della scienza economica. L'essenza del bene relazionale, secondo Benedetto Gui, altro esponente del progetto, è l'«incontro». Si tratterebbe di un terzo tipo di bene, accanto ai beni privati e ai beni pubblici, e non di una varietà di questi ultimi, anche se obbedisce come gli altri all'ipotesi della non-rivalità. Tuttavia, la logica dei beni relazionali si adatta difficilmente al letto di Procuste dell'economia. I nostri autori sono i primi a indicare l'assurdità di una valutazione basata sul costo opportunità dei beni relazionali, valutazione che porterebbe per esempio a concludere che la preghiera di un manager vale mille volte di più di quella di una casalinga e infinitamente di più di quella di un disoccupato. «È indispensabile utilizzare questi strumenti con grande attenzione, se si vuole evitare la mercantilizzazione del mondo», conclude Bruni.[21] È palese, ci ricorda opportunamente François Flahault, che il pensiero moderno si concentra «sulla circolazione dei beni mercantili (i beni che *si hanno* o *non si hanno*) e a sottovalutare l'importanza dei beni che fanno *essere*», mentre «quello che conta non si conta».[22] In economia, i beni relazionali sono «beni» soltanto in senso metaforico. Castoriadis diceva sempre: preferisco avere un nuovo amico che una macchina nuova. Sì, ma un nuovo amico quanto vale? Tentare di includere l'incalcolabile nel calcolo porta inevitabilmente in un vicolo cieco. Questo spiega perché gli economisti della scuola della felicità incontrano tante difficoltà a ottenere un riconoscimento da parte dei *veri* economisti.

Come è logico, Bruni arriva a riabilitare una certa forma di sobrietà, allineandosi alle idee del movimento del-

[21] Bruni, *La ferita dell'altro*, p. 162.
[22] Flahault, *Pourquoi limiter l'expansion du capitalisme?*, p. 151.

la semplicità volontaria. «Sono convinto che non c'è felicità senza una certa forma di povertà (intesa come emancipazione volontaria dalle merci, dal potere...) liberamente scelta: questa povertà è una delle ferite che racchiudono in sé una benedizione».[23] Questa autolimitazione, per avere un qualche impatto, non deve essere soltanto una scelta individuale ma deve corrispondere a un progetto collettivo.

Come si vede, questa economia civile della gioia di vivere coincide su numerosi punti con le idee degli obiettori di crescita. «Se vogliamo studiare in economia le relazioni non strumentali – scrive Bruni –, e dobbiamo farlo, è necessario possedere gli strumenti giusti: abbiamo bisogno di una scienza che sia *immediatamente* relazionale (senza tuttavia diventare olista!)».[24] Questo è certo, ma una scienza di questo tipo può essere soltanto una sociologia o un'antropologia.[25]

Conclusione

Questa economia «antieconomica» del consumo o della felicità si avvicina molto alla visione di una società della decrescita. Ma è portatrice di una duplice ambiguità. Da una parte lascia sopravvivere il corpo moribondo di quello che vorrebbe abolire, l'economia come razionalità calcolatrice; dall'altra, sopprimendo la frontiera tra l'economico e il non economico, lascia aperta, certo inconsapevolmente, la via di un paneconomicismo ancora più invadente di

[23] *Ibid.*, p. 179.
[24] *Ibid.*, p. 153.
[25] In definitiva, le prospettive concrete indicate dalla scuola italiana dell'economia della felicità, proposte per esempio da Leonardo Becchetti nel libro *Oltre l'homo oeconomicus*, sono deludenti, malgrado il nome promettente del progetto. È vano sperare di moralizzare il capitalismo facendogli concorrenza con la produzione etica, il commercio etico o la finanza etica.

quello che cerca di combattere.[26] Ormai è diventato indispensabile percorrere in senso inverso la via dell'economico, che ci ha fatto passare dalla felicità, forma terrena della beatitudine, al prodotto interno lordo pro capite, attraverso la riduzione del ben-essere vissuto a vantaggio del ben-avere statistico, misurato sulla quantità di beni mercantili consumati individualmente, senza preoccuparsi degli altri e della natura. Tuttavia, questa *metanoia* (regressione) non deve fermarsi a mezza strada, lasciando sopravvivere il mito del progresso indefinito. Ritrovare il senso della misura non significa innanzitutto liberarsi dell'ossessione del misurabile e dire addio all'economia per riscoprire il sociale? Comunque sia, in una visione non manichea delle cose e delle idee, le ambiguità che abbiamo visto possono contribuire alla transizione. Non si uscirà dall'economia in un colpo. Ci troviamo di fronte al paradosso di pensare l'uscita dall'economia in termini economici. La «buona» economia può rivelarsi uno strumento interessante per stabilire il necessario dialogo tra il vecchio che non riesce a morire e il nuovo che non riesce a nascere, a condizione di stare in guardia contro i mostri che, come insegna Antonio Gramsci, possono sorgere in questo momento delicato.

[26] «Per parte nostra – scrivono Jean Gadrey e Florence Jany-Catrice – non siamo affatto entusiasti dell'idea che, per farsi ascoltare quando si difende una visione non strettamente economica della ricchezza e del progresso, bisogna per forza passare per *la valorizzazione economica di tutte le variabili non economiche*. In questa impostazione c'è una contraddizione in termini, che rischia di segnare la vittoria definitiva dell'economia come valore supremo e come unica giustificazione credibile delle azioni della giustizia, del legame sociale o dell'ambiente. Valorizzare il volontariato, ovverosia il dono, e il suo contributo sociale ricorrendo a un valore monetario, cioè – che lo si voglia o no – a un riferimento di mercato, corrisponde a una incredibile confessione di impotenza ad affermare valori diversi da quelli dell'economia mercantile» (Gadrey e Jany-Catrice, *Les nouveaux indicateurs de richesse*, p. 49).

4. La decrescita è la buona notizia di Ivan Illich?

> Fa veramente bene essere un individuo autonomo? Non qualcuno che sogna di poter fare a meno degli altri e che non li sopporta, ma una persona che prende in mano la propria vita, che sa dire di no quando quello che gli si propone è contrario alla sua etica o al suo desiderio profondo, che non si lascia trascinare dagli avvenimenti ma costruisce i propri progetti, che non dà di continuo la colpa agli altri ma dimostra di essere capace di riconoscere i propri errori, insomma qualcuno responsabile di se stesso e della propria vita.
>
> Paule Simon[1]

> Quello che io faccio in casa mia, con i miei, per vivere a modo mio, anche tu puoi farlo a casa tua, con i tuoi, per vivere a modo tuo.
>
> Ingmar Granstedt[2]

Stando a Ivan Illich, ci dice Jean-Pierre Dupuy, la scomparsa programmata della società della crescita, dovuta ai limiti del pianeta e alle varie crisi ambientali che subisce, non è necessariamente una cattiva notizia. «La buona notizia è invece che, se dobbiamo rinunciare al nostro modo di vita, non è per evitare gli effetti secondari negativi di una cosa buona in sé, come se dovessimo scegliere tra il piacere di un piatto squisito e i rischi per la salute che comporta. No, il fatto è che il piatto è intrinsecamente cattivo, e che saremmo molto più felici non toccandolo. Vivere diversamente per vivere meglio».[3] È questa, per grandi linee, la definizione della società della decrescita formulata negli anni ottanta da André Gorz, un altro frequentatore di Illich. «Il senso della razionalizzazione ecologica – scrive Gorz – si può riassumere nel motto "meno

[1] Citato in Martin e Cavazza, *Nous réconcilier avec la terre*, p. 156.
[2] Granstedt, *Du chômage à l'autonomie conviviale*, p. 25.
[3] Dupuy, *Ivan Illich ou la bonne nouvelle*.

ma meglio". Il suo scopo è una società nella quale si vivrà meglio lavorando e consumando meno. La modernizzazione ecologica impone che l'investimento non serva più alla crescita ma alla decrescita dell'economia, cioè a un restringimento della sfera governata dalla razionalità economica in senso moderno. Non ci può essere modernizzazione ecologica senza restrizione della dinamica dell'accumulazione capitalistica e senza riduzione del consumo per autolimitazione».[4]

Dupuy non è certo un semplice esegeta del pensiero di Illich: se gli ha reso omaggio con convinzione in diverse occasioni, non fa comunque proprie tutte le sue tesi, e ne sviluppa altre di propria elaborazione. Tuttavia non sembra una forzatura associare i due nomi e chiedersi se anche nel caso di Dupuy, come in quello di Gorz, siamo di fronte a un precursore della decrescita. Le due voci in effetti aprono entrambe una strada per uscire dal vicolo cieco del sistema produttivista e costruire una «buona» società.

Le analisi (comuni ai due autori) del disvalore e della controproduttività, nonché (com'è ovvio) l'intera riflessione di Illich sulla convivialità e la sobrietà necessarie, vanno chiaramente in questo senso. Tuttavia, né Illich né Dupuy hanno utilizzato esplicitamente il termine «decrescita», e in nessuno dei due si trova una descrizione sistematica dell'«utopia concreta» di una «società della decrescita».[5] Insomma, si può dire che i due autori sono dei «padri» della decrescita loro malgrado.

[4] Gorz, *Capitalisme, socialisme, écologie*, p. 93. L'espressione «modernizzazione ecologica» a nostro parere non è molto felice per indicare il superamento delle contraddizioni della società della crescita.

[5] Cioè qualcosa di simile al nostro schema delle otto «R»: si veda sopra, cap. 2, p. 55.

I temi «decrescenti» del pensiero di Illich/Dupuy

Illich forse non ha fatto uso esplicito del vocabolo «decrescita» semplicemente perché la parola non esiste nelle lingue in cui scriveva più spesso (inglese e tedesco).[6] Il termine era in pratica intraducibile. Tuttavia, nel convegno *Défaire le développement, refaire le monde*, tenuto a Parigi nel marzo 2002, che fu l'occasione di uno dei suoi ultimi interventi pubblici, Illich, almeno implicitamente, ha fatto propria l'idea di una decrescita necessaria e auspicabile. Comunque sia, nella sua opera si ritrovano tutti i temi dell'«obiezione di crescita»: l'insostenibilità dello sviluppo e del nostro modo di vita, il disvalore e la controproduttività, la colonizzazione dell'immaginario, l'autolimitazione dei bisogni, la convivialità, la pedagogia delle catastrofi.

L'insostenibilità dello sviluppo e del nostro modo di vita

Come ricorda Dupuy, già negli anni settanta Illich (in particolare nel suo testo del 1971 *Celebration of Awareness*) aveva dimostrato che la nostra crescita e il nostro sviluppo non sono sostenibili. «Il nostro modo di vita è irrimediabilmente condannato», afferma Dupuy, che, pur avendo scritto poco sulla critica dello sviluppo in quanto tale, su questo punto aderisce al pensiero di Illich.[7] Questa insostenibilità è dovuta a ragioni sia sociali che ecologiche, esposte dai due autori nelle loro differenti analisi. In effetti, tutta l'opera di Illich mette in discussione lo sviluppo, la crescita economica, l'industrializzazione con la sua tecnica eteronoma e il modo di vita moderno. Anche se la sua critica non è mai frontale, viene formulata attraverso l'analisi delle istituzioni e delle trasformazio-

[6] Nelle sue *Œuvres complètes* ho incontrato la parola solo una volta.
[7] Dupuy, *Ivan Illich ou la bonne nouvelle*.

ni. Archeologo della modernità e storiografo delle mutazioni, Illich studia minuziosamente la creazione dei servizi, la nascita dei bisogni, la distruzione del vernacolare e la perdita di autonomia. In qualche modo, egli ha delegato ai suoi discepoli Wolfgang Sachs e Gustavo Esteva il compito di realizzare una sintesi del suo pensiero.[8] È in *Toward a History of Needs* (1978) che Illich denuncia con più decisione lo sviluppo come generatore di povertà moderna. «I progetti di crescita crollano rapidamente, con una cascata di rovine e detriti in mezzo a cui dobbiamo imparare a vivere. [...] Cambiamento climatico, esaurimento genetico, inquinamento, collasso delle protezioni immunitarie, innalzamento del livello dei mari e, ogni anno, rifugiati che vagano a milioni». Secondo Illich, con la globalizzazione si assiste alla mutazione dell'*homo oeconomicus* in *homo miserabilis*, l'uomo indigente. La generalizzazione dello sviluppo distrugge la povertà/frugalità vernacolare, strappa gli individui al «comune (*commons*) culturale tradizionale» e produce bisogni che non è in grado di soddisfare. «Nessuna strategia di sviluppo concepibile incentrata sull'occupazione sarà mai in grado di creare abbastanza lavoro per occupare il terzo o il quarto più povero della popolazione».[9] La crescita e lo sviluppo trasformano tutti gli individui in «intossicati indigenti».

La controproduttività

Quello della controproduttività è un tema centrale nella filosofia, o teologia, di Illich, che deriva probabilmente dall'adagio scolastico ampiamente analizzato nel suo ultimo libro, *The Rivers North of the Future* (2004): «corruptio optimi pessima» (una volta corrotto, ciò che era ottimo, diviene pessimo). L'idea della controproduttività

[8] Si veda in particolare Sachs ed Esteva, *Les ruines du développement*, e Sachs, *The Development Dictionary*.
[9] Illich, *L'histoire des besoins*, pp. 71 e 92.

si fonda sull'osservazione che al di là di una certa soglia gli effetti di una istituzione (che si tratti di un'invenzione sociale o di una tecnica), inizialmente positivi, si trasformano in negativi. La cosa vale per il sistema sanitario, la scuola, i trasporti, la crescita, lo sviluppo. La medicina finisce per produrre malati, la scuola per creare ignoranti, la crescita/sviluppo per impoverire...

L'analisi più penetrante della controproduttività, svolta congiuntamente con Jean Robert e Dupuy, riguarda il sistema automobilistico. Aldilà di una certa soglia, superata da tempo, la mobilità che l'automobile dovrebbe offrire diventa illusoria. Nei grandi agglomerati urbani la moltiplicazione dei veicoli avvantaggia decisamente il pedone. Il sistema di trasporto automobilistico è senza dubbio il più inefficiente fra tutti quelli inventati dall'uomo. Per esempio, oggi a Pechino l'automobilista non riesce a superare gli otto chilometri all'ora. Illich e Dupuy hanno calcolato che, integrando nel tempo di spostamento di un veicolo il tempo di immobilizzazione negli ingorghi, il tempo di lavoro necessario per guadagnare di che comprarlo, pagare il carburante, gli pneumatici, i pedaggi, l'assicurazione, le contravvenzioni (per non parlare degli incidenti), quella che si può definire la sua *velocità generalizzata* non supera i sei chilometri all'ora, cioè quasi quella di un pedone.[10] La bicicletta, in queste condizioni, è enormemente superiore all'automobile! È urgente, conclude Illich, che l'uomo contemporaneo comprenda che «l'accelerazione da lui ambita è frustrante e non può che portare a un ulteriore declino dell'equità, del tempo libero e dell'autonomia».[11]

Il disvalore

Per disvalore si intende «la perdita non stimabile in termini economici». In effetti, secondo Illich l'economista

[10] Illich, *Energie et équité*; Dupuy e Robert, *La trahison de l'opulence*.
[11] Illich, *Energie et équité*, p. 80.

«non ha nessuno strumento per calcolare quello che accade a una persona che perde l'uso concreto dei piedi perché l'automobile esercita un monopolio assoluto sulla locomozione. Ciò di cui questa persona è privata non appartiene alla sfera della scarsità. Oggi, per andare da qui a là deve comprare una certa quantità di chilometri-passeggero. L'ambiente geografico paralizza i suoi piedi. Lo spazio è stato trasformato in una infrastruttura destinata ai veicoli. Vuol dire che i piedi sono obsoleti? Sicuramente no. I piedi non sono "mezzi rudimentali di trasporto personale", come vorrebbero farci credere i responsabili delle reti stradali. Il fatto è però che, essendo ormai invischiate nell'economico (per non dire anestetizzate), le persone sono diventate cieche e indifferenti alla perdita indotta dal disvalore».[12]

La «svalorizzazione» è il portato dell'imperialismo economicista e della mercantilizzazione forsennata del vernacolare. Si arriva addirittura a deplorare che il lavoro non abbia esteso a sufficienza il proprio dominio su tutta la vita, e che le faccende domestiche o il volontariato non siano retribuiti o presi in considerazione nella contabilità nazionale. Secondo il pensiero di Illich, le femministe sbagliano quando rivendicano un salario per il «lavoro» casalingo: «Il meglio che possano sperare non è un prezzo ombra (*shadow price*) per i lavori domestici, ma un prezzo di consolazione».[13] Il talento e il saper fare specifici del genere vernacolare vengono svalutati da un «riconoscimento» salariale, esattamente come quelli dell'artigiano quando entra in fabbrica. La considerazione per la dignità delle persone passa per la battaglia contro l'economicizzazione del mondo. L'idea della decrescita insiste per l'appunto sulla necessità della «rivalorizzazione»,

[12] Illich, *Des choix hors économie. Pour une histoire du déchet*, in Id., *Œuvres complètes*, vol. 2, p. 744.
[13] Illich, *Le genre vernaculaire*, p. 57.

cioè sulla necessità di cambiare i valori che sono alla base della società dei consumi. Bisogna, per esempio, tenere conto del tempo dedicato a prendersi cura degli altri. La logica del *care*, elaborata dalle femministe come reazione contro l'impostura del dominio esclusivo della «preoccupazione di sé» della società moderna, coincide perfettamente con il rivolgimento etico postulato dalla decrescita. Secondo Joan Tronto, l'etica del *care* implica «conciliare i propri bisogni con quelli degli altri, equilibrare la competizione con la cooperazione».[14] Rivalorizzare significa prendere in considerazione ciò di cui non tiene conto la contabilità nazionale. Ma questo non deve avvenire necessariamente basandosi su un elemento quantitativo. Ci sono altri indici da inventare, e non è detto che non ci si debba addirittura liberare dall'ossessione degli indici.

La decolonizzazione dell'immaginario

Anche se questa formulazione rinvia più a Castoriadis che a Illich, in quest'ultimo se ne ritrovano le basi nella critica della scuola e nella storia dei bisogni. È necessario, secondo Illich, dichiarare guerra alle parole *tossiche* e fare una pulizia semantica. Riconcettualizzare, o ridefinire/ridimensionare, è necessario anche nell'ottica della decrescita, per esempio riguardo ai concetti di ricchezza e di povertà,[15] ma anche riguardo all'infernale binomio fondatore dell'immaginario economico, quello di scarsità/abbondanza, che è urgente decostruire. Come hanno ottimamente mostrato Illich e Dupuy, l'economia trasforma l'abbondanza naturale in scarsità attraverso la creazione artificiale della mancanza e del bisogno, il che porta a sua volta all'appropriazione della natura e alla sua merci-

[14] Citato in Le Goff, *Care, empathie et justice*, p. 360.
[15] Vedi Viveret, *Reconsidérer la richesse*; Rahnema, *Quand la misère chasse la pauvreté*; Berthoud, *La richesse et ses deux types*.

ficazione.[16] Gli Ogm sono l'ultima illustrazione del fenomeno dell'esproprio dei contadini, legati alla fecondità naturale delle piante, a favore delle grandi imprese agroalimentari. La privatizzazione del vivente è stata a giusto titolo analizzata come una nuova forma di *enclosure*, ovvero di appropriazione di beni comuni. L'abbondanza – o opulenza – moderna è una creazione altrettanto artificiale dell'economia della crescita. La natura, pur essendo feconda e generosa, non è affatto «sovrabbondante» in senso economico. Essa non offre spontaneamente prodotti sofisticati: questi sono il risultato di una trasformazione laboriosa delle risorse naturali che conferisce loro un valore, ma questo valore non si ritrova necessariamente nello scambio. Lo sfruttamento delle fonti di energia fossili permette una straordinaria svalorizzazione del lavoro umano, con il risultato di una «sovrabbondanza» artificiale di cui gli ipermercati sono la vetrina spettacolare. Una delle conseguenze di tutto ciò è la banalizzazione delle «meraviglie» e il disincanto del mondo.

Il processo di colonizzazione dell'immaginario è perfettamente descritto da un autore molto vicino a Illich, Majid Rahnema. «Per infiltrarsi negli spazi vernacolari – scrive Rahnema – il primo *homo oeconomicus* aveva adottato due metodi in qualche modo analoghi l'uno all'azione del retrovirus Hiv e l'altro ai mezzi impiegati dai trafficanti di droga».[17] Si tratta in effetti della distruzione delle difese immunitarie da una parte e della induzione di nuovi bisogni dall'altra. Il primo obiettivo viene realizzato dalla scuola, il secondo dalla pubblicità.

Nelle società moderne, l'educazione passa essenzialmente per una istituzione, la scuola. E per l'appunto la scuola è stata oggetto di un'analisi caustica, ancora attualissi-

[16] Dumouchel e Dupuy, *L'enfer des choses*; Dupuy e Robert, *La trahison de l'opulence*.

[17] Rahnema, *Quand la misère chasse la pauvreté*, p. 214.

ma, da parte di Illich. «La maggioranza delle persone – scrive Illich – impara nella scuola non soltanto l'accettazione del proprio destino, ma anche il servilismo». Quanto all'insuccesso scolastico, è insito nella logica dell'istituzione, perché questa si basa sulla messa in concorrenza di ragazzi che dispongono di un capitale culturale estremamente diseguale. L'insuccesso scolastico è «l'apprendistato all'insoddisfazione». Ma come uscire da questa situazione se gli educatori sono essi stessi mal educati? «Il rivoluzionario della cultura – risponde Illich – scommette sul futuro credendo alla possibilità di educare la persona umana».[18] C'è dunque una via alternativa possibile per uscire dall'impasse della formattazione scolastica. Come si vedrà nel prossimo capitolo, l'uomo non è un semplice ingranaggio della megamacchina, non è tutto di un pezzo, e in ogni insegnante coscienzioso, anche se conformista, c'è sempre una finestra che si può aprire alla sovversione. In tempi normali i fermenti di dissidenza indubbiamente non bastano per minare il sistema, ma circostanze che nessun potere, anche il più totalitario, può controllare, possono offrire opportunità alla diffusione di quei fermenti. Col favore delle crisi, delle catastrofi o addirittura dei cataclismi, la società può entrare in una fase di effervescenza propizia per un cambiamento radicale.

Nella società della comunicazione, l'uscita dal «totalitarismo» mediatico diventa ancora più difficile. L'informazione, tramite il suo eccesso – la «sovrainformazione» – si trasforma, secondo l'analisi di Jacques Ellul, in disinformazione, e si combina con la pubblicità commerciale e politica, diventando deformazione, propaganda e manipolazione. È una vera e propria opera di intossicazione. Illich condivideva questa analisi, sviluppata dall'autore che chiamava affettuosamente «il Maestro Jacques». E

[18] Illich, *L'enseignement: une vaine entreprise*, in *Œuvres complètes*, vol. 1, pp. 135, 157, 193.

denunciava l'induzione di bisogni da parte della pubblicità come una «reificazione» alienante. «Avere sete – scrive – significa aver sete di Coca-Cola! Questa sorta di reificazione è il risultato di una manipolazione dei bisogni umani da parte di grandi organizzazioni che sono riuscite a dominare l'immaginazione dei consumatori potenziali».[19] Per Illich la conclusione che si impone è: bisogna «descolarizzare» la società e avviare una cura di disintossicazione. Sfortunatamente egli non indica molte piste per realizzare queste necessarie trasformazioni, al di là della presa di coscienza che possono produrre la riflessione e l'esperienza.

L'autolimitazione dei bisogni

«L'affermazione del fascismo tecnoburocratico – annunciava Illich in *Tools for Conviviality* – non è scritta negli astri. Esiste un'altra possibilità: un processo politico che permetta alla popolazione di determinare il massimo che può chiedere in un mondo con risorse limitate; un processo concordato di determinazione e di mantenimento di limiti alla crescita degli strumenti umani; un processo di incoraggiamento della ricerca, per far sì che un numero crescente di persone possa fare (e non avere) sempre di più con sempre di meno». E aggiungeva: «Un programma del genere può ancora sembrare utopistico ai giorni nostri [1973]: ma se si lascia che la crisi si aggravi, presto sembrerà quanto mai realistico».[20] Quest'ultima affermazione spiega l'attuale successo (relativo) del progetto della decrescita, di quella società autonoma sognata da Illich in cui i bisogni saranno autolimitati. In realtà è la sola via per sfuggire all'ecofascismo che ci minaccia.

Illich denuncia d'altra parte «l'attuale condizione "umana", nella quale tutte le tecnologie diventano a tal punto

[19] Illich, *L'enseignement: une vaine entreprise*, in Id., *Œuvres complètes*, vol. 1, p. 180.

[20] Illich, *La convivialité*, p. 570, citato in Dardenne e Trussart, *Penser et agir avec Illich*, p. 16.

invadenti da rendere impossibile trovare gioia se non in quello che definirei un tecnodigiuno».[21] La necessaria limitazione del nostro consumo e della produzione, la fine dello sfruttamento della natura e del lavoro da parte del capitale, non significherebbero, secondo Illich, un «ritorno» a una vita di privazioni e di fatica. Significherebbero invece – se si è capaci di rinunciare alle comodità materiali – una liberazione della creatività, un rinnovamento delle relazioni sociali e la possibilità di vivere una vita degna di questo nome. È la «sobria ebbrezza della vita» elogiata nel libro sulla convivialità.[22] Dupuy, anticipando il contenuto di una politica di decrescita, osserva a ragione: «L'alternativa radicale ai trasporti attuali non sono trasporti meno inquinanti, meno produttori di gas a effetto serra, meno rumorosi e più rapidi; è una drastica riduzione della loro impronta sulla nostra vita quotidiana. Per questo bisogna spezzare il circolo vizioso nel quale un'industria contribuisce a rafforzare le condizioni che la rendono necessaria; per cui i trasporti creano distanze e ostacoli alla comunicazione che soltanto loro possono superare».[23] «Gli utenti – scriveva già Illich – spezzeranno le catene del trasporto superpotente quando cominceranno di nuovo ad amare come un territorio il loro circondario e a temere di allontanarsene troppo spesso».[24] In questo modo scomparirebbe il bisogno ossessivo di andare sempre più lontano, sempre più rapidamente e sempre più spesso. Come compenso, si avrebbe il ritorno al senso del luogo di vita, che è un elemento strategico del programma della decrescita.

[21] Illich, *L'origine chrétienne des services* (1987), in Id., *La perte des sens*, p. 43.
[22] Illich, *La convivialité*, p. 222.
[23] Dupuy, *Pour un catastrophisme éclairé*, p. 59.
[24] Illich, *Energie et équité*, p. 431.

La convivialità

La convivialità – termine che Illich prende in prestito dal grande gastronomo francese del XVIII secolo Anthelme Brillat-Savarin (*Fisiologia del gusto*) – intende per l'appunto ritessere il legame sociale sfilacciato dall'«orrore economico» (Rimbaud). La convivialità reintroduce lo spirito del dono nel commercio sociale accanto alla legge della giungla, e in questo modo ripropone la *philia* (amicizia) aristotelica. Questo coincide perfettamente con l'intuizione di Mauss, esposta nell'articolo già citato del 1924 *Appréciation sociologique du bolchevisme*.[25]

La convivialità è il punto di convergenza di tutti i temi illichiani: critica dell'eteronomia, del disvalore, della controproduttività. Secondo Illich, alcuni strumenti sono conviviali, come la bicicletta che, senza inquinare e senza bruciare materie fossili, è il mezzo di locomozione più rapido (calcolando in velocità generalizzata) e autonomo, o la macchina per cucire, inventata da Singer per amore della moglie; altri invece non lo sono e non lo saranno mai. «Alcuni strumenti sono sempre distruttivi – scriveva –, quali che siano le mani che li impiegano, quelle della Mafia, dei capitalisti, di un'impresa multinazionale o di un collettivo di lavoratori. È il caso per esempio delle reti autostradali a molte corsie, dei sistemi di comunicazione a grande distanza [...], e anche degli sfruttamenti minerari a cielo aperto, così come della scuola. Lo strumento distruttivo aumenta l'uniformazione, la dipendenza, lo sfruttamento e l'impotenza; sottrae al povero la sua parte di convivialità per meglio frustrare il ricco della sua».[26]

La riflessione di Illich sugli strumenti coincide con la critica degli obiettori di crescita sull'industrializzazione e la tecnoscienza prometeica, che ci condanna all'etero-

[25] Si veda sopra, p. 73.
[26] Illich, *La convivialité*, p. 51.

nomia. Proseguendo su questa strada, Ingmar Granstedt propone la creazione di laboratori vernacolari con attrezzature sofisticate miniaturizzate. Per il tessile, per esempio, «si potrebbero raggruppare le operazioni di filatura, di stiramento e di tessitura in un'unica piccola macchina delle dimensioni di un armadio, che potrebbe essere collocata in laboratori vernacolari ed essere messa a disposizione degli abitanti del quartiere. [...] Lo stesso vale per le macchine per il riciclaggio della carta, di cui esistono già esemplari abbastanza piccoli e semplici da poter essere trasportati su richiesta e affittati a settimana. A una macchina di questo tipo, collocata nel quartiere o nel comune, potrebbero essere aggiunte taglierine, aggraffatrici e incollatrici, in modo che la gente possa fare da sola blocchi e quaderni. Si potrebbe poi aggiungere una fotocopiatrice e altro materiale semplice da riproduzione».[27] Sulla linea dell'idea dei «villaggi urbani» di Yona Friedman, la società autonoma sarebbe costituita da una molteplicità di comunità geografiche, ciascuna con un proprio centro e un insieme completo di attività diversificate, nelle quali l'esistenza e le relazioni quotidiane ritroverebbero una coesione e ridiventerebbero umane.[28] Il risultato di questa *deindustrializzazione*, realizzata grazie a strumenti sofisticati ma conviviali, sarebbe la prova che si può produrre diversamente e che la parte della produzione realizzabile in autonomia, pur non essendo totale, è comunque enorme. «È questa capacità crescente di autorganizzazione locale – conclude Granstedt – che permetterà a ciascuna comunità o regione di controllare il proprio divenire socioeconomico e di inventare la propria originalità, pur restando aperta sul mondo».[29]

[27] Granstedt, *Du chômage à l'autonomie conviviale*, pp. 52-56.
[28] Friedman, *L'architecture de survie*.
[29] Granstedt, *Du chômage à l'autonomie conviviale*, p. 70. Verso la fine della sua vita, André Gorz ha sviluppato idee simili (si veda il suo articolo *Crise mondiale, décroissance et sortie du capitalisme*).

Catastrofismo illuminato e pedagogia delle catastrofi

Per realizzare la necessaria decolonizzazione dell'immaginario e vincere la scommessa della decrescita, noi pensiamo si possa ampiamente contare su quella che abbiamo definito la «pedagogia delle catastrofi». Questa espressione è dovuta a uno pei primi pensatori dell'ecologia, Denis de Rougemont. «Sento venire – scriveva de Rougemont – una serie di catastrofi organizzate dalla nostra azione deliberata, anche se inconsapevole. Se saranno abbastanza grandi da risvegliare il mondo, e non abbastanza grandi da schiacciarlo, le definirei pedagogiche, le sole capaci di farci superare la nostra inerzia e l'invincibile propensione dei commentatori a tacciare di "psicosi apocalittica" ogni denuncia di un fattore di pericolo chiaramente dimostrato ma *che riempie le tasche*».[30] François Partant, altro precursore della decrescita, ha ripreso l'espressione di de Rougemont, e anche lui faceva assegnamento sul soprassalto prodotto dalle minacce per uscire dal delirio della società produttivista. Quanto a noi, pensiamo per esempio che l'inquietante canicola dell'estate 2003 ha fatto molto di più di tutte le nostre argomentazioni per convincere della necessità di orientarsi verso una società della decrescita e diffondere questa tematica.[31] Si può dire in effetti che la deregolazione climatica stia ottimamente dimostrando questa necessità.

Le inevitabili disfunzioni della Megamacchina (contraddizioni, crisi, grandi rischi tecnologici, guasti), fonte di insopportabili sofferenze, sono disgrazie che ovviamente vanno deplorate. Tuttavia sono anche occasioni di presa di coscienza, di messa in discussione, di rifiuto o anche di rivolta. Questa pedagogia delle catastrofi coincide con

[30] De Rougemont, in «Foi et vie», aprile 1977, citato da Fr. Partant, in «La Réforme», 3 marzo 1979.

[31] Come dimostrano gli articoli di Besset, *Faire face à l'agression climatique* e di Lepage, *Ecologie*, che sono veri e propri appelli alla decrescita.

l'«euristica della paura» del filosofo Hans Jonas. «È preferibile – scriveva Jonas – prestare orecchio alla profezia della disgrazia che a quella della felicità».[32] Questo non per un gusto masochista dell'apocalisse, ma esattamente per scongiurarla, perché, al contrario, la politica dello struzzo non è altro che una forma di ottimismo suicida. Comunque sia, noi non sosteniamo in nessun modo un catastrofismo cieco. Il «catastrofismo illuminato» si rifà all'analisi di Dupuy. Il vero problema, sottolinea Dupuy, è che «noi non riusciamo a dare un peso sufficiente di realtà al futuro, e in particolare al futuro catastrofico». «La catastrofe – scrive ancora Dupuy – ha questo di terribile: non soltanto non si *crede* che avverrà mentre si hanno tutte le ragioni per *sapere* che avverrà, ma una volta avvenuta sembra appartenere all'ordine naturale delle cose. La sua realtà stessa la rende banale. Non era considerata possibile prima che avvenisse; ed eccola integrata senza esitazioni nell'"arredo ontologico" del mondo, per utilizzare il gergo dei filosofi. [...] È questa metafisica spontanea del tempo delle catastrofi che costituisce l'ostacolo principale alla definizione di una prudenza adeguata ai tempi attuali. [...] In altri termini – conclude Dupuy – quello che può salvarci è esattamente quello che ci minaccia».[33] Se il tema non è molto presente in Illich, con Dupuy lo schema della decrescita emerge dunque appieno.

La paternità contestata

Secondo Barbara Duden,[34] Illich aveva orrore di qualsiasi costruzione sistemica: mai avrebbe sottoscritto una

[32] Jonas, *Le principe responsabilité*, p. 54.

[33] Dupuy, in Comèliau, *Brouillons pour l'avenir*, p. 161; Dupuy, *Pour un catastrophisme éclairé*, pp. 84-85, 215.

[34] Intervento a un convegno tenuto a Bologna il 14 giugno 2003, su iniziativa di Franco La Cecla, in omaggio a Illich.

concezione pienamente articolata come quella della decrescita. Forse discepolo di Illich anche in questo, neppure Dupuy finora ha mai cercato di fare una sintesi di tutti i temi che ha affrontato per presentare un «progetto» di società alternativa. Probabilmente ancora di più di Illich, Dupuy si accontenta di tirare il segnale di allarme e si compiace di una posizione di sentinella, o tutt'al più di consigliere del principe, rifiutando quella del rivoluzionario.

L'uso del termine «decrescita» è in pratica assente nei due autori, e lo stesso vale forse anche per il concetto, almeno in parte. In effetti il termine «decrescita» è comparso solo molto di recente nel dibattito economico, politico e sociale, anche se l'origine delle idee che incarna ha una storia più o meno antica. Questa origine si ritrova nella critica *culturale* dell'economia da un lato e nella sua critica ecologica dall'altro. Entrambe queste critiche non sono estranee né a Illich né a Dupuy, ma non sono riducibili a questi due autori. Fin dagli inizi, la società «termoindustriale» ha prodotto tali sofferenze e ingiustizie da apparire tutt'altro che desiderabile. Il fondamento antropologico dell'economia come teoria e come pratica, l'*homo oeconomicus*, viene denunciato come riduttivo da tutte le scienze umane.[35] La sua base teorica e la sua realizzazione pratica (la società moderna) sono messe in discussione e criticate dalla sociologia di Durkheim e di Mauss, dall'antropologia di Polanyi e di Sahlins, dalla psicoanalisi di Erich Fromm e di Gregory Bateson. In realtà il progetto di società autonome ed econome sintetizzato nello slogan della decrescita non è nato ieri. Senza risalire ad alcune utopie del primo socialismo, né alla tradizione anarchica rivisitata dal situazionismo, un progetto analogo al nostro è stato formulato a partire dalla fine degli anni sessanta da André Gorz, François Par-

[35] Vedi il mio libro *L'invention de l'économie*.

tant, Jacques Ellul, Bernard Charbonneau, ma soprattutto da Cornelius Castoriadis e Ivan Illich. Il fallimento dello sviluppo al Sud e la perdita di punti di riferimento al Nord hanno portato questi pensatori a mettere in discussione la società dei consumi e le sue basi immaginarie: il progresso, la scienza e la tecnica. La presa di coscienza della crisi ambientale ha poi dato luogo a una nuova dimensione: non solo la società della crescita non è desiderabile, ma non è neppure sostenibile!

Quella dei limiti della crescita economica è un'intuizione che può essere fatta risalire già a Thomas Malthus, e che trova un fondamento scientifico con Sadi Carnot e la sua seconda legge della termodinamica. In effetti, il fatto che le trasformazioni dell'energia nelle sue diverse forme (calore, movimento ecc.) non siano completamente reversibili e che ci si scontri con il fenomeno dell'entropia, non può non avere conseguenze sull'economia, che si basa su queste trasformazioni. Tuttavia, all'interno dell'economia, la questione ecologica è stata posta soltanto negli anni settanta, soprattutto dal grande economista romeno Nicholas Georgescu-Roegen. Questi trae dalla legge dell'entropia le conseguenze bioeconomiche già intuite negli anni quaranta e cinquanta da Alfred James Lotka, Erwin Schrödinger, Norbert Wiener e Léon Brillouin.[36] Adottando il modello della meccanica classica newtoniana, osserva Georgescu-Roegen, l'economia esclude l'irreversibilità del tempo. E di conseguenza ignora l'entropia, ovverosia la non-reversibilità delle trasformazioni dell'energia e della materia. In questo modo, i rifiuti e l'inquinamento, sebbene prodotti dall'attività economica, non vengono fatti rientrare nelle funzioni produttive. Come scrive Yves Cochet, «la teoria economica neoclassica contemporanea nasconde dietro l'eleganza matematica la sua indifferenza per le leggi fondamentali della

[36] Per una breve storia della decrescita, vedi Grinevald, *Histoire d'un mot*.

biologia, della chimica e della fisica, e in particolare quelle della termodinamica».[37] L'economia dunque è un nonsenso ecologico.[38] In sostanza, il processo economico reale, a differenza del modello teorico, non è un processo puramente meccanico e reversibile, ma di natura *entropica*. Si svolge in una biosfera che funziona all'interno di un tempo direzionato.[39] Ne derivano, per Georgescu-Roegen, l'impossibilità di una crescita infinita in un mondo finito e la necessità di realizzare una *bioeconomia*, cioè di pensare l'economia all'interno della biosfera e di mettere in pratica una politica di riduzione della produzione. La parola «decrescita» è stata dunque utilizzata in francese come titolo di una raccolta di suoi saggi.[40]

Anche se non hanno approfondito il tema, Illich e Dupuy condividono incontestabilmente questo approccio ecologico che è alla base della decrescita. Tuttavia, la presentazione «sistemica» dei circoli virtuosi della decrescita serena, conviviale e sostenibile, che secondo Barbara Duden faceva orrore a Illich, segna forse, per il movimento della decrescita, una rottura con l'insegnamento di Illich e di Dupuy. E questo anche se, a rigore, l'utopia concreta della decrescita non è un'alternativa ma una matrice di alternative, uno schema pedagogico piuttosto che un programma politico.

Il progetto della decrescita è un'utopia nel senso positivo del termine, cioè una fonte di speranza e di sogno. «Senza l'ipotesi che un altro mondo è possibile non c'è politica, c'è soltanto la gestione amministrativa degli uomini e delle cose».[41] Si tratta di una proposta necessaria

[37] Cochet, *Pétrole apocalypse*, p. 147.

[38] «Una pepita d'oro puro contiene più energia libera dello stesso numero di atomi d'oro diluiti uno ad uno nell'acqua di mare» (*ibid.*, p. 153).

[39] «Non possiamo – scrive ancora Georgescu-Roegen – produrre frigoriferi, automobili e aerei a reazione "migliori e più grandi" senza produrre anche rifiuti "migliori e più grandi"» (*La décroissance*, p. 63).

[40] Georgescu-Roegen, *La décroissance*.

[41] Decrop, *Redonner ses chances à l'utopie*, p. 81.

per riaprire lo spazio dell'inventiva e della creatività dell'immaginario, bloccato dal totalitarismo economicista, sviluppista e progressista. Come abbiamo già sottolineato, a rigore bisognerebbe parlare, sul piano teorico, piuttosto che di decrescita, di acrescita, come si parla di ateismo. La decrescita è dunque un progetto politico nel senso forte del termine, quello della costruzione, al Nord come al Sud, di società conviviali autonome ed econome. Un progetto che non rientra nello spazio della politica politicante, ma vuole ridare tutta la sua dignità alla politica. In questo senso, fa riferimento a tutti i tentativi di fare politica in modo diverso, siano l'esperienza dei neozapatisti in Chiapas o le riflessioni di una parte della sinistra radicale europea.[42] Per chiarire il progetto della decrescita, se ne possono delineare tre elementi: la critica radicale della società della crescita, l'utopia concreta dei circoli virtuosi della decrescita conviviale e il programma politico di transizione. L'utopia concreta, che ne costituisce il cuore, non è un programma nel senso elettorale del termine. Presuppone senza dubbio un progetto, ma questo, fondato su una precisa analisi della situazione, non è immediatamente trasponibile in obiettivi in grado di essere realizzati. Quel che si ricerca è la coerenza teorica del disegno. Se per comodità di esposizione si delineano delle tappe, queste non devono essere viste come veri e propri punti di un programma. Questo viene dopo.

Negli anni sessanta i professori di economia e i tecnocrati si crogiolavano descrivendo i circoli virtuosi della crescita. Era l'epoca che uno di quei professori ha definito i «Trenta Gloriosi», così come gli economisti critici definiscono il periodo successivo quello dei «Trenta Pietosi». In realtà, se si calcolano i danni subiti dalla natura e dall'umanità, anche i Trenta Gloriosi sono stati – come dice il «giardiniere planetario» Gilles Clément, ma come ave-

[42] Sullo, *Postfuturo*.

va già visto René Dumont nel 1974 – dei «Trenta Disastrosi».[43] Alla fine, quei pretesi circoli virtuosi si sono rivelati perversi sotto molti aspetti. Per esempio, la deregolazione climatica che ci minaccia è il frutto delle nostre «follie» di ieri, se si pensa che ci vogliono da cinquanta a settanta anni perché il biossido di carbonio si dissolva nell'atmosfera. Da parte sua, il rivolgimento richiesto dalla costruzione di una società autonoma di decrescita si può rappresentare attraverso l'articolazione sistematica e ambiziosa di otto cambiamenti interdipendenti che si rafforzano a vicenda. Si può sintetizzare l'insieme come un «circolo virtuoso» in otto «R».[44] In quanto tale, questo schema in partenza riguarda soltanto il Nord. La costruzione di società autonome al Sud non può essere realizzata nel segno della decrescita (come neppure della crescita), ma nel segno dell'emancipazione dall'imperialismo economico, politico e soprattutto culturale.

Anche se il contenuto di questi obiettivi va declinato in modo diverso a seconda del contesto e integra molte delle preoccupazioni di Illich, l'articolazione dell'insieme contiene un potenziale di radicalità sovversiva estranea al pensiero di Dupuy e probabilmente anche di Illich. Il passaggio alla società autonoma non può fare a meno di una doppia rivoluzione, culturale e sociale. Questo non significa necessariamente un processo violento come quello della presa del potere da parte dei bolscevichi. D'altronde, una violenza di quel tipo è tanto meno ineluttabile se, con Gorz, si è convinti che «la civiltà capitalistica [...] va inesorabilmente verso il crollo catastrofico; non c'è più bisogno di una classe rivoluzionaria per abbattere il capitalismo: questo sta scavando da solo la sua tomba e quella di tutta la civiltà industriale».[45] Co-

[43] Clément e Jones, *Une écologie humaniste*.
[44] Si veda sopra, cap. 2, p. 55.
[45] Gorz, *Capitalisme, socialisme, écologie*, p. 27.

munque sia, anche se questo cambiamento in linea di principio non è di necessità violento, non può neppure essere il risultato di una conversione pacifica. Che la presa del Palazzo d'Inverno non è all'ordine del giorno non vuol dire che bisogna rimanere con le mani in mano e aspettare tranquillamente il crollo del sistema. Di fronte all'incredibile violenza della megamacchina, che si trasforma in apparato militare terribilmente repressivo, la resistenza rende indispensabile un minimo di autodifesa organizzata, del tipo di quella praticata, nel contesto messicano, dall'Ezln (esercito zapatista di liberazione nazionale), il quale, pur cercando di evitare la trappola della spirale della violenza, difende la popolazione indigena dai massacri di cui le forze al potere sono mandanti.

Sta qui probabilmente la differenza tra la pedagogia delle catastrofi che noi sosteniamo e il catastrofismo illuminato di Dupuy. Né l'una né l'altro seguono la linea del «tanto peggio tanto meglio», ma puntano piuttosto a scongiurare il peggio, salvo che la prima si affida all'esperienza e allo shock di crisi premonitrici mentre il secondo pensa di poterle evitare. Non è un caso che François Partant, uno dei nostri punti di riferimento, abbia intitolato uno dei suoi libri *Que la crise s'aggrave!* (Che la crisi si aggravi!). Pensiamo che un titolo di questo genere non raccoglierebbe il favore di Illich, e ancor meno di Dupuy.

Conclusione

Quali che siano le diverse sfumature tra il nostro progetto e la buona notizia di Ivan Illich, condividiamo la stessa aspirazione a ritrovare la saggezza della lumaca, simbolo della decrescita (e del movimento amico Slow Food). La lumaca ci insegna non solo la necessaria lentezza, ma un'altra cosa ancora più necessaria. «La lumaca – ci spiega Illich – costruisce la delicata architettura del suo guscio aggiungendo una dopo l'altra delle spire sempre più larghe, poi smette bruscamente e comincia a produrre delle circonvoluzioni decrescenti. In effetti, una sola spira più larga darebbe al guscio una dimensione più grande di sedici volte. Invece di contribuire al benessere dell'animale diventerebbe un sovraccarico. Di conseguenza, qualsiasi successivo aumento della produttività della lumaca servirebbe soltanto a rimediare alle difficoltà causate da questo ingrandimento del guscio al di là dei limiti fissati dalla sua finalità. Superato il punto limite di allargamento delle spire, i problemi posti dalla crescita eccessiva si moltiplicano in progressione geometrica, mentre la capacità biologica della lumaca può seguire, nel migliore dei casi, soltanto una progressione aritmetica».[46] Questo divorzio della lumaca dalla ragione geometrica, che Illich porta a esempio, ci indica la via per pensare una società della decrescita, se possibile serena e conviviale.

La lumaca (*caracol* in spagnolo) è diventata anche uno dei simboli del movimento neozapatista. Il tempo degli antichi maya è rappresentato da un vecchio che esce da un guscio di lumaca, cioè da una spirale. Il *caracol* nelle culture mesoamericane precolombiane non corrisponde alla nostra lumaca. È un mollusco d'acqua dolce o un grosso mollusco di mare. La sua conchiglia, molto più grande della nostra, era utilizzata tradizionalmente dagli indiani come strumento a fiato, in particolare per convocare le assemblee della comunità. Di qui, i *caracoles* sono diventati le cinque circoscrizioni politiche autonome (bioregioni) della zona liberata del Chiapas. Inoltre, secondo Jerôme Baschet, per gli anziani il *caracol* rappresenterebbe la forma del cuore, «e dunque l'animale può entrare nel cuore o uscire dal cuore per andare nel mondo». «Conserva la sua interiorità aprendosi al tempo stes-

[46] Illich, *Le genre vernaculaire*, p. 292.

so verso l'esterno, si apre all'altro ritornando contemporaneamente verso se stesso. Questo simbolismo di interazione feconda tra interno ed esterno viene evocato per far comprendere la principale missione assegnata ai *caracoles*».[47] Anche se il movimento della decrescita, il movimento Slow Food e i neozapatisti hanno scelto la lumaca come simbolo per ragioni diverse, questa coincidenza è felice. Ci piace vederci un segno della convergenza delle vie.

[47] Baschet, *La rébellion zapatiste*, p. 283.

5.
La sfida dell'educazione alla decrescita

> Non permettete più che gli uomini politici stigmatizzino l'insopportabile violenza fatta agli individui quando sono loro stessi a suscitarla deliberatamente, fin dall'infanzia, diffondendo, in nome della produttività, un'educazione concentrazionaria in cui, parcheggiati in venticinque o trenta per classe, gli scolari vengono rimbambiti dai principi di competizione e di concorrenza, sottoposti alla legge dei predoni, iniziati al feticismo del denaro, paralizzati dalla paura dell'insuccesso, infestati dall'arrivismo, abbandonati in balia di funzionari amareggiati e mal pagati, meno propensi a nutrire la curiosità delle giovani generazioni che a vendicarsi su di esse delle loro sventure.
>
> Raoul Vaneigem[1]

L'inchiesta sui «saperi critici di cittadinanza» realizzata in Belgio dall'Appel pour une école démocratique (Aped) fra tremila allievi della scuola secondaria (licei e istituti tecnici e professionali) tra il gennaio e il marzo 2008 illustra alla perfezione la necessità di una educazione alla decrescita, ma al tempo stesso la sua quasi impossibilità. Secondo questo studio, soltanto il 45 per cento degli allievi sa cos'è una energia rinnovabile; un allievo su tre pensa che la parte di energie rinnovabili nella produzione di elettricità in Belgio superi il 15 per cento (sopravvalutazione enorme); quasi nove allievi su dieci ignorano le cause del riscaldamento climatico; più del 60 per cento confonde l'effetto serra con il buco nello strato di ozono. Ancora più inquietante: in media, gli allievi pensano che l'impronta ecologica dei belgi può raddoppiare senza problemi prima di raggiungere il limite delle risorse naturali e minerarie disponibili sulla terra![2] Dunque,

[1] Vaneigem, *Pour l'abolition de la société marchande*, p. 104.
[2] Legros e Deplanque, *L'enseignement face à l'urgence écologique*.

mentre la situazione non è mai stata tanto grave, le nuove generazioni si ritrovano culturalmente più disarmate di quelle precedenti per opporsi alle tendenze che ci stanno portando al disastro.

Disgraziatamente, l'istituzione scolastica partecipa al disegno di disinformazione. Uno studio svolto da una quindicina di ricercatori spagnoli su sessanta manuali utilizzati nelle scuole secondarie offre risultati molto significativi. Non solo le informazioni su tutto quello che riguarda i problemi ecologici sono insufficienti o inesistenti, ma si possono trovare controverità strabilianti. Per esempio, un manuale di biologia e geologia di prima afferma tranquillamente che «l'attuale biodiversità sul pianeta è la più grande mai esistita».[3] Di fronte a una tale ignoranza e negazione della realtà, le ragioni di sperare non possono che essere esigue. I genitori poi non fanno molto meglio dei figli. Secondo un sondaggio dell'istituto Gallup del marzo 2009, il 41 per cento degli statunitensi (contro il 35 nel 2008) pensa che il riscaldamento climatico venga esagerato dai media. L'offensiva delle lobby per screditare il Giec dopo il fallimento del vertice di Copenaghen, facendo leva su alcune valutazioni azzardate che il gruppo di esperti ha avallato, non ha certo contribuito a migliorare le cose. Comunque sia, tra i nostri concittadini è diffusa, in diverse proporzioni, un'ampia quota di scetticismo, malafede, senso di impotenza o semplicemente voglia di mettere la testa sotto la sabbia. «È diventato impossibile per chiunque – scrive Marcel Gauchet, non estraneo in altre occasioni a un certo *negazionismo* ecologico – ignorare la contraddizione lampante tra la formazione degli individui e gli imperativi della sopravvivenza sia culturale che materiale a cui, volenti o nolenti, siamo soggetti».[4]

[3] Ecologistas en Acción, *Educación y ecología*, p. 19.

[4] Gauchet, *La démocratie contre elle-même*, p. 110. Gauchet scrive ancora: «Sembriamo arrivati al punto paradossale in cui il trionfo dell'individualismo

Di fronte a questa sfida, la risposta del «sistema» non è assolutamente all'altezza. La crescita verde che si vuole attuare, ispirata alla farsa dello sviluppo sostenibile, rimane prigioniera dell'impostura del capitalismo verde o ecocompatibile, brillantemente denunciato da Naomi Klein.[5] Si tratta di un'operazione di ecoriciclaggio (*greenwashing*), una delle cui forme più ciniche e irresponsabili è la concezione, la produzione, la promozione e la vendita di auto «pseudopulite», al solo scopo di prolungare a ogni costo la vita dell'industria automobilistica. Lo sviluppo sostenibile è soltanto quello che permetterà, come dice Paul Ariès, di «inquinare meno per poter inquinare più a lungo». «E questo – aggiunge Bernard Legros – con il sostegno entusiasta dei cittadini di ogni classe: rentier, manager, disoccupati, percettori di sussidi e salari di sussistenza, mano nella mano per salvare la biosfera e le generazioni future. Una trovata geniale!» Risultato, in Francia l'*educazione allo sviluppo sostenibile* dal 2004 è parte integrante della formazione in tutti gli ordini scolastici, dalla materna al liceo.

Questo lavaggio del cervello dei ragazzi, organizzato dall'alto, non è di buon augurio per il successo della sfida della decrescita, cioè per la possibilità di costruire un futuro fatto di società autonome sostenibili. Per capire questa situazione e cercare un rimedio bisogna forse partire dal paradosso del diritto all'educazione per tutti nelle società moderne e ripensare i fondamenti del sistema di formazione dei cittadini, in modo da poter meglio resistere alla corruzione di questo processo e di tentare di realizzare il sogno abortito dell'illuminismo, quello dell'emancipazione degli individui.

è tale da produrre la messa in discussione di quello che l'ha reso possibile: l'esistenza di principi trascendenti ciascun individuo, depositati in una istanza collettiva costitutiva del politico in quanto tale – leggi che determinano diritti e doveri, istituzioni, uno Stato» (*La condition politique*).

[5] Klein, *The Shock Doctrine*.

Il paradosso del diritto all'educazione per tutti

La società della crescita, oggi universale – la globalizzazione non vuole dir altro – si produce e si riproduce attraverso un processo di costruzione di soggetti che, a partire dalla rivoluzione dei tempi moderni, passa in particolare per una istituzione il cui compito sarebbe quello di istruire e/o educare: la scuola (intesa in senso lato, dalla materna all'università).

L'educazione-istruzione, data la sua istituzionalizzazione, è stata rivendicata come un diritto e alla fine dichiarata tale. Costituisce dunque per gli stati e i governi un dovere. «Dopo il pane – diceva già Danton – l'educazione è il primo bisogno del popolo».

Questa idea generosa e progressista – l'accesso al sapere per tutti – è però anche una illustrazione della formula medievale cara a Illich, che si ritrova in Aristotele, Tommaso d'Aquino o Shakespeare e che viene ampiamente ripresa nell'ultimo libro di Illich, *The Rivers North of the Future* (2004): «corruptio optimi pessima» (una volta corrotto, ciò che era ottimo, diviene pessimo). Infatti, uno degli effetti collaterali dell'affermazione di un diritto all'educazione per tutti attraverso una istituzione, la scuola, è stato quello di occultare e alla fine di distruggere ogni altra forma di costruzione dei soggetti sociali. La scuola ha, di fatto e di diritto, monopolizzato la divulgazione del sapere, rendendo invisibile ed eliminando qualsiasi alternativa. E contemporaneamente ha aperto la strada a una forma perversa di manipolazione dei bambini e dei giovani nella sfera extrascolastica.

Ogni società – in particolare le società occidentali premoderne e le società non occidentali – possiede dei modi di *fabbricazione*, più o meno formalizzati, dei suoi membri. Fino a non molto tempo fa in Africa esisteva ancora l'iniziazione. Si trattava di una istituzione intesa a trasmettere ai giovani i saperi e il saper fare – miti, credenze, tecniche – che avrebbero permesso loro di cavarsela nella vita e di farsi carico del funzionamento della società, assumendo una identità. Per esempio, tra i senufo – ma esistono sistemi simili tra la maggioranza delle etnie – il *mporo* si svolgeva in tre cicli di sette anni, assicurando i diversi gradi di una formazione completa. Marchiato a vita, in senso sia materiale che figurato, il giovane era armato per affermarsi all'interno di una identità collettiva, oppure contro di essa. Accanto a questo sistema formale, c'era poi, all'interno della famiglia e del clan, la trasmissione delle tecniche e l'apprendimento individuale (per esempio filastrocche sulle genealogie), che completavano la costruzione della persona. Ho visto personalmente funzionare questo sistema tra i fabbri soninke di Kaédi, in Mauritania.[6] Dall'età di quattro anni, il giovane soninke partecipa al lavoro della fucina, inquadrato dal padre e dai fratelli. Le feste familiari e le riunioni con la partecipazione dei cantastorie dei fabbri moltiplicano poi le occasioni in cui impara a conoscere la propria identità.

Si può dire dunque che, indipendentemente dal giudizio che se ne vuole dare, la formazione-istruzione-educazione per tutti è sempre esistita in tutte le società. Il diritto all'istruzione che oggi si reclama è il diritto alla scuola laica (peraltro in molti casi obbligatoria), ovverosia a usufruire di una istituzione specifica dell'Occidente. Ma di fatto, anche al di là di ogni crisi e di ogni forma di corruzione, questo modo di educazione è un potente veicolo dell'occidentalizzazione del mondo. Una delle prime cose che i colonizzatori facevano era istituire scuole per colonizzare l'immaginario delle élite locali: la famosa «scuola degli ostaggi» di Saint-Louis in Senegal ne è l'esempio più famoso per l'area francofona (ma ci sono equivalenti inglesi e tedeschi). La maggioranza degli intellettuali afri-

[6] Si veda il mio libro *L'autre Afrique*.

cani è d'accordo su questo punto: le radici si perdono sulla strada della scuola.

Come avviene l'educazione?

Nel processo di costruzione del «cittadino» moderno la scuola occupa solo una parte dello spazio, accanto alla famiglia e all'ambiente da un lato e al contesto sociale dall'altro. La cosiddetta scuola della vita ha sempre occupato – e continua a occupare – uno spazio considerevole accanto alla vita della scuola, anche se ormai questo spazio è un punto cieco. La scuola della vita assume forme molto diverse a seconda dei luoghi e delle epoche. Può essere la scuola della strada, che per le classi lavoratrici del XIX secolo (e di nuovo oggi in certe periferie) era a volte l'anticamera di comportamenti pericolosi o della criminalità. Può essere, nelle famiglie borghesi, l'imparare a leggere, con casi di imbottimento del cervello come quello subito dal giovane Stuart Mill. Questa istruzione nelle famiglie benestanti (lezioni private), il più delle volte complementare a quella scolastica, riacquista un'importanza non indifferente per la crisi della scuola elementare (che fatica a insegnare a leggere, scrivere e fare di conto). La scuola della vita può essere poi l'apprendimento di un mestiere dai genitori o dagli artigiani del quartiere.

Secondo gli antichi, la formazione del cittadino, la *paideia*, la sua trasformazione in membro della *polis*, passa innanzitutto per la sua *edificazione*. Bisogna disciplinare la *hybris* (la dismisura), controllare le passioni tristi (avidità, sete di potere, egoismo, desideri sfrenati ecc.) e canalizzare le energie in direzione dell'armonia e della bellezza. In questo senso, Platone dice che i muri stessi della città educano il cittadino. Ma nel mondo di oggi, a che cosa possono educare i muri delle nostre città e delle nostre periferie? Che cosa possono formare se non, nel migliore dei casi, dei consumatori frustrati o, nel peggiore, dei «selvaggi» ribelli? Nella stragrande maggioranza dei casi, uno sviluppo urbano orribile e senza anima, una pubblicità aggressiva e onnipresente non contribuiranno certo a formare degli eroi delle Termopili, né personalità forti capaci di resistere all'aggressione mediatica e all'invasione della propaganda politica, che ne è diventata il sottoprodotto. Al contrario, quello che viene stimolato è, oltre alla frenesia consumistica, lo scatenamento della violenza, la sete di potere e di denaro, il risentimento e il desiderio di rivalsa.[7]

Oggi i genitori hanno in gran parte abbandonato, per ragioni più o meno buone, il loro ruolo di educatori, rimettendosi alla scuola e più ancora alla televisione. Nucleare o monoparentale, ricomposta o disintegrata, la famiglia non è più il luogo appropriato per la trasmissione di un'eredità culturale, e ancor meno per un suo rinnovamento. In realtà da qualche tempo i giovani francesi, come quelli americani, passano più tempo davanti allo schermo di un televisore che sui banchi di scuola. I ragazzi sono a scuola da venti a trenta ore la settimana per trenta settimane, e davanti alla televisione da sessanta a settanta ore la settimana per cinquantadue settimane. Il sistema pubblicitario occupa lo spazio abbandonato dai genitori e che la scuola non riesce a riempire. I canali Baby First e Baby Tv, per esempio, trasmettono programmi destinati a bambini da 6 mesi a 3 anni.[8] Sponsorizzate dalle grandi marche, che pagano le attrezzature scolastiche, certe scuole americane offrono addirittura in cambio trasmissioni televisive all'interno della scuola. È la storia edificante di Channel One, rete di *soft news* destinata ai licei, raccontata da Benjamin Barber: «Channel One è stato creato dalla Whittle Communications, che offriva

[7] Dufour, *Le Divin Marché*, in particolare cap. 6, *Le rapport au savoir*.
[8] Kempf, *Pour sauver la planète*, p. 57.

materiale di telecomunicazioni (soltanto in prestito o in affitto) in cambio dell'accesso alle classi dei licei, per nove minuti di informazione-spettacolo intervallati da tre minuti di pubblicità pura e dura. Le scuole che hanno accettato questo patto con il diavolo (più di dodicimila licei, con otto milioni di studenti, nella grande maggioranza degli stati americani) erano perlopiù scuole povere del centro delle città, quelle che meno si potevano permettere di sprecare preziosi minuti di tempo scolastico a guardare della pubblicità, o ad aumentare la saturazione di ragazzi già completamente immersi nei media commerciali fuori della scuola».[9] È un vero e proprio programma di lobotomizzazione dei cervelli e di colonizzazione dell'immaginario, illustrato dalle tristemente famose dichiarazioni di Patrick Le Lay.[10]

In questa situazione, la scuola come canale di formazione dell'individuo si trova di fronte a un dilemma: deve preparare il giovane alla società così come è, questa società della crescita e della concorrenza accanita, o deve prepararlo alla società come dovrebbe essere, la società della decrescita, cioè cercare di formare cittadini capaci di resistere alla sovversione consumistica? Bisogna fare dell'allievo un futuro disoccupato intelligente e rivoluzionario oppure un futuro produttore-consumatore alienato, uno «schiavo civilizzato», come diceva Max Stirner? Come è possibile fare in modo che l'allievo si adatti *a minima* alla società, utilizzando e sviluppando al tempo

[9] Barber, *Comment le capitalisme nous infantilise*, p. 200.

[10] «Ci sono molti modi di parlare della televisione. Ma in una prospettiva di business, siamo chiari: fondamentalmente, il lavoro di Tf1 è quello, per esempio, di aiutare la Coca-Cola a vendere il suo prodotto. E, se vogliamo che un messaggio pubblicitario passi, bisogna che il cervello del telespettatore sia disponibile. Le nostre trasmissioni hanno il compito di renderlo disponibile: ossia di divertirlo, di distenderlo e di prepararlo tra due messaggi pubblicitari. Quello che vendiamo alla Coca-Cola è tempo di cervello umano disponibile» (Le Lay, *Les dirigeants face au changement*, citato in Viveret, *Reconsidérer la richesse*, p. 32).

stesso le sue competenze e i suoi saperi per superare o sovvertire l'attuale ordine economico e sociale, quanto meno nei suoi aspetti più deleteri? Che responsabilità ha in questo l'istituzione scolastica, che, secondo Charlotte Nordmann, è «*indissociabilmente* fattore di sottomissione all'ordine sociale e potenzialmente emancipatrice»?[11] L'esercizio di equilibrismo richiesto all'insegnante è tutt'altro che facile. Tentando di formare dei lavoratori «occupabili», l'insegnamento rischia di trasformarsi in rituale di iniziazione alla religione dell'economia, della crescita e del consumo, confermando le violente critiche di Illich. «Le scuole – afferma Illich – fanno parte di una società in cui una minoranza sta diventando a tal punto produttiva che è necessario formare la maggioranza a un consumo disciplinato».[12]

La degenerazione della democrazia mercantile provoca necessariamente la corruzione dell'istituzione. Oggi la scuola trasmette la religione della crescita, inculca la fede nel progresso. La missione ufficiale del sistema educativo, dalla materna all'università, passando per la formazione permanente, è quella di fabbricare ingranaggi ben oliati per una megamacchina folle. Senza parlare delle *business schools*, che costituiscono il modello e che ormai da tempo si presentano senza complessi come scuole di guerra economica. In esse si insegna che l'avidità è cosa buona (*greed is good*) e i giovani vengono formati per diventare dei «killer». La scuola dunque è un rituale iniziatico alla magia economica. Ed è anche una propedeutica alla banalità del male. La parcellizzazione dei saperi e la sostituzione della competenza professionale alla ricerca del bene comune come valore supremo rendono di fatto impossibile prendere coscienza delle conseguenze potenzialmente disastrose dell'azione e cancellano la responsabi-

[11] Nordmann, *La fabrique de l'impuissance*, vol. 2, p. 22.
[12] Illich, *Libérer l'avenir*, p. 137.

lità dell'attore, ridotto alla condizione di esecutore. È così che nelle imprese i manager realizzano gli obiettivi imposti dagli azionisti, mentre al termine della catena gli operai si suicidano o vengono licenziati. È così che nelle amministrazioni i funzionari coscienziosi «fanno economie», espellendo i lavoratori immigrati, cancellando i disoccupati dalle liste dei sussidi ecc. In questo modo si provocano dei drammi umani – depressioni, stress di massa, suicidi – di cui è responsabile il sistema ma di cui nessuno è colpevole.

Una volta inculcato il feticismo del Pil, ne consegue come fatto incontestabile la famosa *parabola della torta*. Secondo il dogma economico, far crescere la torta è il modo migliore per facilitare la sua divisione e per dare più o meno soddisfazione a tutti, realizzando così il programma utilitarista delle società moderne: la più grande felicità per il più gran numero di persone. «L'etica – si domanda Jean-Pierre Dupuy – sarebbe dunque semplicemente la preoccupazione della giustizia distributiva, il compito di ripartire equamente una torta, senza verificare per prima cosa se non è avvelenata?»[13] La continua fuga in avanti, la fuga dalla realtà, è il modo migliore per non farsi domande sulla composizione della torta e sugli ingredienti tossici che contiene. Il sistema globale di educazione-istruzione-formazione contemporaneo è costituito di sapienti variazioni nell'arte della fuga. Chi si assumerà dunque la missione di formare dei cittadini? La via della decrescita passa anche per questo.

Resistere all'Assurdistan

Oggi viviamo in un mondo che potremmo chiamare, con Illich, Assurdistan. La deriva che introduce nelle so-

[13] Dupuy, *Retour de Tchernobyl*, p. 87.

cietà moderne la corruzione del progetto emancipatore dei Lumi e produce l'*immondializzazione*, crea la necessità della resistenza e il bisogno di alternativa. Quando la *costruzione* del consumatore moderno si riduce alla formattazione e alla manipolazione-fascinazione in una società dello spettacolo e dell'effimero fondata sul divertimento, il primo compito di chi ama la saggezza (*philosophia*), del pedagogo (*paid-agogos*, letteralmente «conduttore di giovani»), di chi prende sul serio la propria missione di formare dei cittadini, è quello di combattere questa formazione deformante. Di resistere alla formattazione consumistica e all'arte di rimpicciolire le teste.

L'educazione per formare dei resistenti è al tempo stesso necessaria e impossibile. Impossibile perché per l'insegnante si tratta di formare i suoi allievi a due universi incompatibili: quello dominante, per il quale la preparazione richiesta è un addestramento che avvicina alla lobotomizzazione, e quello desiderabile, che implica la capacità di giudicare e di reagire. Il compito del *vero* pedagogo è quello di formare dei cittadini in grado di pensare con la propria testa e di diventare i granelli di sabbia che bloccheranno la megamacchina. Resistenza e alternativa possono e devono essere introdotte all'interno dell'istituzione, in nome della sua vocazione primordiale. L'insegnamento critico deve essere difeso e mantenuto in tutta la misura del possibile, nutrendo però al tempo stesso un progetto di fuoriuscita verso altri mondi più desiderabili.

Tuttavia, la proclamazione della necessità di un'educazione rivoluzionaria non ne definisce *ipso facto* il contenuto. La decostruzione deve essere continua, ma parallelamente è indispensabile tracciare le linee della ricostruzione, per quanto anch'essa provvisoria. Resistenza e dissidenza devono fecondare i progetti alternativi, denunciando lo iato esistente tra le intenzioni dichiarate e le pratiche concrete dell'imperialismo dei modelli dominanti. Dietro i progetti più sovversivi e più seducenti a parole possono nascondersi realtà molto meno innovative. Certi progetti alternativi assomigliano ai villaggi Potëmkin: una bella apparenza che nasconde la miseria. Il fatto è che la rivoluzione di cui parliamo è innanzitutto culturale, e dunque infinitamente più difficile da realizzare delle rivoluzioni politiche. Poiché soffriamo di una profonda tossicodipendenza dalla società della crescita, l'educazione necessaria si avvicina a una cura di disintossicazione, a una vera e propria terapia. Sappiamo che Marcel Mauss vedeva nelle esperienze alternative o dissidenti (cooperative, mutue, sindacati) dei laboratori pedagogici per la costruzione dell'«uomo nuovo» necessario per dare vita a un altro mondo possibile. La gamma di questi luoghi di formazione alla cittadinanza oggi si è allargata con certe Ong, gli Amap (Association pour le maintien d'une agriculture paysanne), i Sel (Système d'échange local), i Rers (Réseau d'echanges réciproques de savoirs) ecc. Queste università *popolari* si pongono l'obiettivo di armare la resistenza e di decolonizzare l'immaginario.[14] Sono strutture che riprendono la nozione di democrazia creativa di John Dewey, che incorpora l'educazione nella pratica democratica.[15]

Il progetto a cui vanno preparate le generazioni future è quello della costruzione di una società autonoma. Tuttavia, l'autonomia può essere intesa in diversi modi e pone a sua volta non pochi problemi. Limitandosi all'aspetto curativo e alla lotta contro la tossicodipendenza da consumismo, si può riprendere l'idea di Illich di tecnodigiuno e di *askesis*. «*Askesis* – scrive Illich – è la parola classica per indicare esercizio, allenamento, prova. A mio giudizio quello di cui abbiamo bisogno viene indicato da una parola oggi difficile da pronunciare: virtù [...]. Per confermarsi sulla via di una vita disciplinata, l'*askesis,* l'allenamento di se stessi, ha una certa importanza». Illich

[14] Renault, *L'appréhension communicationnelle*.
[15] Chanial, *Une foi commune*.

illustra in questo modo il tecnodigiuno ascetico: «Quale che sia il vostro livello intellettuale o emotivo, capire di che cosa potete fare a meno è uno dei mezzi più efficaci per convincervi che siete liberi. [...] Proviamo a rinunciare a qualcosa, non per abbellire la nostra vita ma per ricordare a noi stessi quanto siamo attaccati a questo mondo moderno così come è, e come potremmo tuttavia farne a meno. Le cose superflue sono ormai così svariate che è difficile dar loro una forma sociale: qualcuno rinuncerà a usare la posta elettronica (ma non perché sia un male in sé, né perché ha sempre detestato dover rispondere a tutta velocità), qualcun altro rinuncerà ad andare dal medico o, come una persona che conosco, a fare l'impossibile perché i figli prendano la maturità».[16]

Questa era anche la visione gandhiana. Per Gandhi un elemento cardine della società autonoma era il *Nai Talim*, l'educazione pratica all'autonomia, e non la cultura astratta occidentale. Era uno strumento di liberazione. Lo scopo di questa formazione consiste nel poter soddisfare i propri bisogni grazie alla conoscenza dei saperi e del saper fare necessari a padroneggiare le tecniche di fabbricazione degli oggetti di uso quotidiano, in modo che tutti possano accedere a un livello di vita soddisfacente. Al livello dell'intera società, Gandhi concepiva l'India indipendente ed emancipata come un insieme di cinquecentomila grandi villaggi autonomi, ispirati al *Sarvodaya*. La centralizzazione e l'urbanizzazione per lui erano demoniache e non potevano che approfondire i conflitti tra indù e musulmani.[17] Sappiamo che Nehru disgraziatamente scelse un'altra via. «Più l'India avanzava sulla strada del raggiungimento dei "sovrasviluppati" – osserva Majid Rahnema –, più la povertà accettata, secondo l'insegnamento di Gandhi, come ricchezza relazionale e pienezza

[16] Illich e Cayley, *La corruption du meilleur engendre le pire*, pp. 305 e 149.
[17] Naess, *Ecologie, communauté et style de vie*, pp. 158-59.

dell'individuo alla ricerca della propria libertà, perdeva attrattiva per le sue élite».[18] E più si esacerbavano i conflitti tra gruppi e religioni.

La grande sfida consiste nello spezzare i cerchi, che sono anche delle catene, per uscire dal labirinto (caro a Castoriadis) nel quale siamo prigionieri. La società della decrescita, una volta realizzata, decolonizzerebbe sicuramente il nostro immaginario, ma la decolonizzazione in tal modo prodotta è necessaria in via preventiva. Per costruirla, gli educatori dovrebbero essere loro stessi disintossicati. In particolare l'insegnamento della storia può essere uno strumento utile per la realizzazione del progetto, e probabilmente non è un caso che il suo spazio nei programmi scolastici sia sempre più ridotto. Ma, per essere davvero utile, la storia dei manuali dovrebbe anch'essa essere decolonizzata. Bisognerebbe demistificare e demitificare il grande racconto occidentale della crescita, del progresso, con la rivoluzione industriale e i miracoli della tecnologia, racconto che ha largamente contribuito alla formattazione delle menti secondo i parametri della società dei consumi. In effetti, negli storici (da Jacques Le Goff a Eric Hobsbawm, passando per Immanuel Wallerstein) si possono trovare in pratica tutti gli elementi di un'altra storia dell'Occidente, che però rimane ancora da scrivere.

Spezzare le catene della droga sarà tanto più difficile in quanto è interesse dei trafficanti (cioè della nebulosa delle società multinazionali e dei poteri politici al loro servizio) mantenerci in schiavitù. Tuttavia, è ben probabile che saremo spinti in questo senso dallo shock salutare della necessità. Poiché il progresso, la crescita e il consumo non sono più una scelta della coscienza, ma una droga alla quale siamo assuefatti e a cui è impossibile ri-

[18] Rahnema e Robert, *La puissance des pauvres*, p. 135.

nunciare volontariamente, una catastrofe «concreta» e il fallimento storico della civiltà fondata su di essi sono l'unica cosa che può aiutarci ad aprire gli occhi agli adepti ipnotizzati. E sembra proprio che una simile catastrofe e un simile fallimento si stiano producendo sotto i nostri occhi, con la crisi ecologica e la crisi economica e finanziaria.

Parte terza

Altre voci e altre vie

> Quello che ci preoccupa è la rotta e lo scopo finale. Quello che ci preoccupa è quello che ci definisce, il modo di azione. Quello che ci preoccupa è che il mondo che partorirà la nostra rabbia non assomigli a quello che oggi subiamo. [...] Quello che ci preoccupa è che il nuovo mondo non sia un clone del mondo attuale, o una mutazione transgenica o una fotocopia di quello che oggi ci fa orrore e che ripudiamo. Quello che ci preoccupa è che in quel mondo non ci sia né democrazia, né giustizia, né libertà.
>
> Subcomandante insorto Marcos,
> Messico, 5 gennaio 2009[1]

Uscire dal vicolo cieco delle società della crescita significa certo trovare percorsi per costruire un altro mondo di sobrietà liberamente scelta e di abbondanza frugale che noi crediamo possibile, ma significa anche uscire dalle pastoie del pensiero «critico», ovverosia del pensiero ereditato preconfezionato che ormai costituisce il fondo di magazzino anche delle sinistre, di tutte le sinistre. Inventare nuovi modi di fare politica significa ripensare la politica stessa e trovare una via di uscita dal vicolo cieco della politica politicante. Una delle ragioni, forse la principale, del fallimento del socialismo è la volontà egemonica di un discorso e di un modello. Non che non ci siano stati diversi modelli di socialismo, tra leninismo, stalinismo, maoismo, trozkismo e socialdemocrazie, ma nessuno di questi modelli è stato capace di accogliere la pluralità della verità e la diversità delle soluzioni concrete. È vero che Marx, nella sua famosa lettera a Vera Zasulich del 1881 prospetta la possibilità di un passaggio diretto dalla comunità contadina tradizionale russa, il *mir*,

[1] Marcos, *Saisons de la digne rage*, pp. 242, 244.

al socialismo, senza passare per il capitalismo. Questa possibilità di un percorso differente fu di nuovo considerata per l'Africa dopo le indipendenze, ed è riproposta oggi dagli zapatisti e le comunità indigene del Messico.[2] Sappiamo però che, dieci anni dopo la morte di Marx, Engels si mostrava molto più scettico, e che venti anni dopo Lenin attaccò sul piano sia teorico che pratico queste «sopravvivenze» che poi sarebbero state liquidate senza pietà da Stalin. I vari «marxismi reali» del Terzo Mondo non sono stati affatto più teneri nei confronti delle strutture comunitarie precapitalistiche. La modernizzazione «socialista» ha fatto tabula rasa del passato con ancora più virulenza della modernizzazione capitalistica, facilitando in questo modo il compito della globalizzazione ultraliberale che ha seguito il fallimento delle esperienze socialiste. La straordinaria diversità delle vie e delle voci del primo socialismo (liquidato frettolosamente con gli epiteti di «romantico» o «utopistico») in effetti è stata annullata dal pensiero unico del materialismo storico, dialettico e scientifico. Il risultato è stato che il pluralismo non poteva che essere una concessione provvisoria e tutta tattica, in una situazione di fondamentale intolleranza. Il progetto della decrescita è per l'appunto quello di far sentire di nuovo altre voci e di aprire altre strade.[3]

Il capitolo 6, *Castoriadis, pensatore della decrescita. Megamacchina, sviluppo e società autonoma* ripercorre l'opera di questo grande precursore e tenta di individuare il suo contributo alla costruzione di vie diverse. Il capitolo 7, *Utopia mediterranea e decrescita*, prosegue nella ricerca della via della decrescita a partire dalle voci *meridiane*. La via mediterranea potrebbe, a certe condizioni, essere una delle vie della decrescita. Probabilmente non è un caso

[2] Per l'Africa si veda in particolare Belloncle, *La question paysanne en Afrique*.
[3] Si veda Bontempelli e Badiale, *Marx e la decrescita*.

che i due principali precursori della decrescita, il greco Cornelius Castoriadis e l'austro-croato Ivan Illich, siano due pensatori mediterranei, lontani discendenti di Aristotele.[4]

[4] Il capitolo 6 riprende una comunicazione presentata al convegno *Cornelius Castoriadis: réinventer l'autonomie* (Parigi, 1-3 marzo 2007), i cui atti sono stati pubblicati a cura di Blaise Bachofen, Elbaz Sion e Nicolas Poirier, Editions du Sandre, Paris 2008. Una prima versione del capitolo 7 è apparsa in italiano con il titolo *La voce e le vie di un mare dilaniato*, in Franco Cassano e Danilo Zolo (a cura di), *L'alternativa mediterranea*, Feltrinelli, Milano 2007.

6.

Castoriadis, pensatore della decrescita

Megamacchina, sviluppo e società autonoma

> Quello che ci interessa è la critica del progetto tecnicistico che contraddistingue la società industriale. Intendo con questo la volontà di sostituire il tessuto sociale, i legami di solidarietà che costituiscono la trama di una società, con una fabbricazione; il progetto inedito di produrre le relazioni degli uomini con i loro vicini e con il loro mondo come si producono automobili o fibre di vetro. L'autostrada, il rene artificiale o Internet non sono soltanto oggetti o sistemi tecnici, ma tradiscono un certo tipo di rapporto strumentale con lo spazio, la morte e il senso. È questo rapporto strumentale, il sogno di controllo che sottintende, che la critica deve analizzare per misurarne gli effetti deleteri.
>
> Jean-Pierre Dupuy[1]

Se il termine «decrescita» è di uso molto recente nel dibattito economico, politico e sociale, e dunque posteriore alla scomparsa di Cornelius Castoriadis (1922-1997), l'origine delle idee che il termine veicola è, come abbiamo visto, più antica, legata alla critica *ecologista* da una parte e alla critica *culturalista* dall'altra. La prima ha messo in evidenza l'insostenibilità della società della crescita, mentre la seconda ha dato luogo alla ricerca su un doposviluppo. I due aspetti si ritrovano entrambi nel pensiero di Castoriadis: «Non c'è soltanto la dilapidazione irreversibile dell'ambiente e delle risorse non sostituibili. C'è anche la distruzione antropologica degli esseri umani, trasformati in bestie produttrici e consumatrici, in abbrutiti zapping-dipendenti».[2] Il progetto di una società della decrescita articola dunque un insieme di tematiche in piena consonanza con il pensiero di Castoriadis. Que-

[1] Dupuy, *Pour un catastrophisme éclairé*, p. 28.
[2] Castoriadis, *Une société à la dérive*, p. 237.

ste tematiche possono essere raggruppate in due assi principali: la decrescita, l'autonomia e la democrazia ecologica da una parte; la decolonizzazione dell'immaginario e la realizzazione della società della decrescita dall'altra.

Decrescita, autonomia e democrazia ecologica

All'interno del progetto di una società della decrescita, il concetto di autonomia va inteso in senso forte, in senso etimologico (*autos-nomos*, «che si governa con proprie leggi»), in opposizione all'eteronomia della mano invisibile, della dittatura dei mercati finanziari e dei diktat della tecnoscienza nella società (ultra)moderna. Per Castoriadis, come anche per noi, questo non significa che la libertà debba essere senza limiti. Per imparare a comandare, ricorda Aristotele, bisogna cominciare col saper obbedire. Nella prospettiva di una società autonoma di uomini liberi, il «sapere» di questa obbedienza deve essere inteso soprattutto nel senso dell'apprendimento di una sottomissione non servile alla legge che ci si è dati (mentre la sottomissione servile è l'apprendimento della tirannia). Che in entrambi i casi vi sia un godimento nella servitù volontaria è incontestabile, e il fatto che il confine tra le due forme di sottomissione è sottile solleva senza dubbio problemi. Lo scivolamento sempre possibile da una forma all'altra è quello che rende tanto fragile la democrazia. In questo sta una delle numerose sfide che una società democratica deve continuamente affrontare e che rivela le ambiguità dell'autonomia. Castoriadis era molto sensibile alla necessaria *paideia* (educazione) del cittadino libero, capace di darsi leggi e di rispettarle, ma forse non abbastanza al pericolo del godimento nella sottomissione. Di qui l'importanza, a mio avviso, di introdurre la convivialità accanto all'autonomia nel progetto della decrescita. La reciprocità e la simmetria del dono permettono infatti l'uso dell'altro senza abuso. In questo senso, il progetto della società della decrescita completa la visione di Castoriadis di una società autoistituita.

Sebbene il mio libro *Le pari de la décroissance* si ispiri soprattutto al pensiero di Illich, nell'introduzione riporto in esergo questa osservazione di Castoriadis: «L'ecologia è sovversiva poiché mette in discussione l'immaginario capitalista dominante. Ne contesta l'assunto fondamentale secondo cui il nostro orizzonte è il continuo aumento della produzione e del consumo. L'ecologia mette in luce l'impatto catastrofico della logica capitalistica sull'ambiente naturale e sulla vita degli esseri umani».[3] Come in Illich, l'autonomia in Castoriadis è centrale, anche se nei due autori il concetto non ha esattamente lo stesso significato. In Illich, come abbiamo visto, l'autonomia è più «tecnica» che politica. È legata alla critica della controproduttività e del *disvalore* prodotto dalla tecnica, e di conseguenza all'idea della capacità dell'individuo di liberarsi con le proprie forze. Da questo punto di vista, la critica dell'automobile che umilia l'uomo e l'affermazione della necessità del «tecnodigiuno» sono illuminanti. Questa idea di autonomia è peraltro controversa, nella misura in cui il mito occidentale (inaugurato dai Lumi e ripreso da Marx) vede nella tecnica un mezzo di emancipazione (e dunque di autonomia), mentre secondo Illich soltanto lo strumento conviviale, semplice e controllabile, rafforza l'autonomia. Questa divergenza è al centro dei dibattiti sullo sviluppo. In effetti, lo sviluppo pretende di emancipare l'uomo attraverso la tecnica, mentre nella maggioranza dei casi lo asserve e finisce per impoverirlo – quanto meno simbolicamente, ma, per la maggior parte dell'umanità, anche materialmente. Su questo punto Castoriadis concorda con Illich, ma percorrendo una strada diversa.[4]

[3] Castoriadis, *Une société à la dérive*, p. 237.

[4] Nel suo corso su Radovan Richta, Ellul (*Les successeurs de Marx*) è curiosamente più sfumato. Se la tecnica potesse essere sottomessa al progetto so-

Castoriadis in effetti attribuisce una grande importanza a una certa forma di autonomia nel campo tecnoscientifico, interrogandosi sui pericoli della dismisura della ricerca incontrollata: «Come tracciare il limite? Per la prima volta, in una società non religiosa, dobbiamo affrontare la questione: bisogna controllare l'espansione del sapere stesso? E come farlo senza sfociare in una dittatura sulle menti? Penso si possano fissare alcuni semplici principi: 1) non vogliamo un'espansione illimitata e non pensata della produzione, vogliamo un'economia che sia un mezzo e non il fine della vita umana; 2) vogliamo un'espansione libera del sapere ma [unita alla] *phronesis*».[5]

Noi sottoscriviamo in pieno questo punto di vista, che implica un diritto di controllo sulla nostra eredità tecnico-scientifica. Si dice spesso che la decrescita è tecnofoba e nemica della scienza. È un'enorme assurdità. Noi non esprimiamo un'opposizione cieca al progresso, ci opponiamo al progresso cieco! Il culto della *scienza* è sempre meno sostenibile quando la scienza viene trasformata in merce sotto forma di tecnoscienza da consumare. In accordo con molti autentici studiosi *ragionevoli* – da Jacques Testart ad Albert Jacquard, da Christian Velot a Dominique Belpomme e Jean-François Narbonne – noi vogliamo che si decreti una moratoria sull'innovazione tecnoscientifica. È tempo di fare un bilancio serio e di riorientare la ricerca scientifica e tecnica sulla base di nuove aspirazioni. È possibile e desiderabile che in futuro si promuovano, come già accade per l'ecologia, delle scienze e delle tecniche *non prometeiche*, espressione con cui intendiamo lo sviluppo di una curiosità disinteressata e non domina-

cialista, sostiene, potrebbe essere emancipatrice. Tuttavia, questa riappropriazione da parte dell'uomo gli sembra improbabile. Come si è visto, André Gorz, verso la fine della sua vita, pensava invece che alcune tecniche molto sofisticate ma miniaturizzate possono permettere di ritrovare una certa autonomia.

[5] Castoriadis, *Une société à la dérive*, p. 238. Si veda anche un'analoga formulazione in Id., *La démocratie*, p. 216.

ta dalla volontà di sfruttare e di asservire la natura. Vuol dire conoscere meglio la natura per adattarsi meglio a essa senza distruggerla, «fare con e non contro», secondo la formula di Gilles Clément.[6] Vuol dire, per esempio, incoraggiare la «chimica verde» invece di produrre molecole tossiche, e la medicina ambientale invece della genetica esasperata (Dominique Belpomme), favorire le ricerche in agrobiologia e in agroecologia invece che in agroindustria (Ogm e altre chimere). In agronomia, l'abbandono dello studio biologico dei suoli a vantaggio della chimica dei concimi è una vera e propria tragedia a cui la permacultura tenta di rimediare. Su tutti questi punti, il programma della decrescita coincide con le preoccupazioni di Castoriadis.

In un dibattito del 1981 con Daniel Cohn-Bendit, Castoriadis insiste sul fatto che l'autonomia rivendicata dal movimento ecologista, con il quale concorda, è «in primo luogo l'autonomia rispetto a un sistema tecnico-produttivo che si pretende inevitabile o ottimale».[7]

In Castoriadis l'autonomia sfocia nella democrazia diretta («gli uomini riuniti che si danno le proprie leggi» e «che sanno che lo stanno facendo»), mentre questo tema è scarsamente presente in Illich. Se si analizzano con attenzione le implicazioni del rifiuto dell'eteronomia, questa autonomia in quanto autoistituzione del sociale e capacità di autotrasformazione pone senz'altro dei problemi. Claude Lefort accusa Castoriadis di riallacciarsi al mito marxista della «società trasparente a se stessa» e in questo modo di finire nel totalitarismo. Chantal Mouffe vede lo stesso rischio nella democrazia diretta.[8] Jürgen Habermas, da parte sua, identifica nell'immaginario radicale alla base della rottura con i significati costituiti una minaccia che

[6] Citato in Martin e Cavazza, *Nous réconcilier avec la terre*, p. 213.

[7] Castoriadis e Cohn-Bendit, *De l'écologie à l'autonomie*, p. 39, tra altro con un'allusione positiva a Illich (nella fattispecie al suo libro *Medical Nemesis*).

[8] Castoriadis, *Démocratie et relativisme*, p. 20.

può portare a un *ultradecisionismo* alla Carl Schmitt.[9] Al di là dei malintesi e delle false interpretazioni riguardo al pensiero di Castoriadis, si tratta comunque di una questione che merita di essere approfondita.

L'autonomia politica come autorganizzazione cosciente e consapevole della società occupa un posto centrale nell'analisi di Castoriadis. Tuttavia, da buon psicoanalista che era, Castoriadis attribuisce una grande importanza anche all'autonomia personale, che ritiene in un rapporto di interdipendenza con l'autonomia della società. L'essere-soggetto si pone come essere autonomo, ovverosia, come spiega Nicolas Poirier, «una persona che si dà le proprie leggi e sceglie di obbedirvi consapevolmente, mantenendo aperta la possibilità di reistituirle in forma diversa».[10] L'autogestione dei collettivi di lavoro, tema ripreso da Gorz, ha un rilievo altrettanto fondamentale nella visione di Castoriadis. L'autonomia della persona infatti si prolunga necessariamente al livello economico.

Come può funzionare questa società politica ed economica autonoma? L'esperienza del 1973 dei «Lip», dal nome della fabbrica di orologi di Besançon tradita dal suo padrone e ripresa e poi gestita dal collettivo dei lavoratori, malgrado l'ostilità di alcune direzioni sindacali, ne ha dimostrato la ricchezza e la fattibilità. È stata necessaria tutta la volontà dei poteri politici (all'epoca guidati da Valéry Giscard d'Estaing), spinti da una frazione accanita del padronato, per mettere fine a quell'esperienza.[11] Riguardo all'organizzazione sociopolitica, Castoriadis fa riferimento, come noi, all'anarchico ecologista Murray Bookchin, di cui apprezzava la nozione di «ecomunicipalismo».[12] «Non è affatto assurdo», scriveva Bookchin, «pensare che una società ecologica possa essere costitui-

[9] Poirier, *Castoriadis, l'imaginaire radical*, pp. 14 e 147.
[10] *Ibid.*, p. 151.
[11] Piaget, *Lip*; Lourau, *L'analyseur Lip*.
[12] Bookchin, *Municipalismo libertario perché*.

ta da una municipalità composta di piccole municipalità, ciascuna delle quali formata da una "comune di comuni" più piccole [...] in perfetta armonia con il loro ecosistema».[13] La riconquista o la reinvenzione dei *commons* (comuni, beni comuni, spazi comunitari) e l'autorganizzazione di «bioregioni» sono una possibile illustrazione di questa prospettiva.[14]

Il programma politico, appena abbozzato in Castoriadis, è ripreso e sviluppato dal suo amico Takis Fotopoulos nella forma di un progetto basato sulla democrazia ecologica. La democrazia generalizzata concepita da Fotopoulos presuppone una «confederazione di *demoi*», cioè di piccole unità omogenee di circa trentamila abitanti. Questa cifra permette, secondo l'autore, di soddisfare a livello locale la maggior parte dei bisogni essenziali. Infatti, contrariamente alle idee dominanti, le dimensioni della popolazione non sono un «determinante esclusivo né decisivo della sostenibilità economica». «Bisognerà probabilmente – precisa Fotopoulos – dividere in più *demoi* numerose città moderne, dato il loro gigantismo». Si avrebbero in qualche modo delle piccole repubbliche di quartiere: «La nuova organizzazione politica potrebbe essere, per esempio, una confederazione di gruppi autonomi (al livello regionale, continentale e mondiale) impegnati nella mutazione democratica delle rispettive comunità». «Poiché il *demos* è l'unità sociale ed economica di base della futura società democratica – scrive ancora Fotopoulos – dobbiamo partire da questo livello locale per cambiare la società».[15] La presa di coscienza delle contraddizioni globali suscita dunque un'azione locale che avvia il processo di cambiamento, all'interno del quale le attese e le aspirazioni dei cittadini si manifestano nel loro vissuto *in situ*.

[13] Citato in Magnaghi, *Il progetto locale*, pp. 221-22.
[14] Esteva, *Celebration of Zapatismo*; Id. e Prakash, *Grassroots Postmodernism*.
[15] Fotopoulos, *Vers une démocratie générale*, pp. 115, 215, 243, 241.

Vedere nell'utopia della democrazia radicale e locale la soluzione di tutti i problemi è forse eccessivo, ma la rivitalizzazione della democrazia locale costituisce sicuramente una delle dimensioni della decrescita serena e una forma di realizzazione concreta dell'autonomia.[16] Possiamo dunque considerare le due forme dell'autonomia, quella di Illich e quella di Castoriadis, come complementari. In ogni caso è così che si costruisce il progetto della decrescita, in una doppia fedeltà a questi due grandi precursori.

La decolonizzazione dell'immaginario e la realizzazione della società della decrescita

La realizzazione di una società della decrescita implica che noi *decolonizziamo il nostro immaginario* per cambiare effettivamente il mondo prima che il cambiamento del mondo ci condanni a vivere nel dolore. Questo corrisponde all'applicazione rigorosa della lezione di Castoriadis. «Quello che è necessario – scrive Castoriadis – è una nuova creazione immaginaria di proporzioni sconosciute nel passato, una creazione che metta al centro della vita

[16] La democrazia ecologica sarà, dovrà essere, diretta, come pensano e auspicano Castoriadis e Fotopoulos? Pur considerandomi più o meno uno degli eredi del primo, e pur avendo elaborato idee molto vicine a quelle del secondo, e malgrado tutta la mia simpatia per la democrazia diretta, di cui sono un ardente sostenitore, confesso che non sono affatto certo che la democrazia diretta costituisca un'aspirazione ampiamente condivisa (di sicuro non è universale) né che sia una panacea. Si veda su questo punto il mio libro *Le pari de la décroissance*, pp. 271 sgg. D'altronde lo stesso Castoriadis ha detto: «Il desiderio e la capacità dei cittadini di partecipare alle attività politiche sono essi stessi un problema e un compito politico. E, a mio avviso, rientrano nella sfera di azione di istituzioni che li favoriscono, li prescrivono e formano dei cittadini inclini a questo esercizio e non alla garanzia del godimento» (Castoriadis, *Démocratie et relativisme*, p. 108). In effetti il problema non sta tanto nel fatto di delegare il potere a dei rappresentanti, quanto nel disprezzo in cui è tenuto il popolo, giudicato incapace di governare se stesso da una casta di politici di professione che si fanno eleggere grazie alla manipolazione dell'elettorato.

umana significati diversi dall'espansione della produzione e del consumo, che ponga obiettivi di vita diversi, riconoscibili dagli esseri umani come qualcosa per cui valga la pena vivere. [...] Questa è l'immensa difficoltà di fronte a cui ci troviamo. Dovremmo volere una società nella quale i valori economici hanno cessato di essere centrali (o unici), in cui l'economia è rimessa al suo posto come semplice mezzo della vita umana e non come fine ultimo, in cui dunque si rinuncia a questa corsa folle verso un consumo sempre maggiore. Questo è necessario non soltanto per evitare la distruzione definitiva dell'ambiente terrestre, ma anche e soprattutto per uscire dalla miseria psichica e morale degli umani contemporanei».[17] In altre parole, e secondo la lezione di Illich, questa fuoriuscita dalla società ultramoderna dei consumi e dello spettacolo è anche sostanzialmente desiderabile.

Quando si ha un martello in testa, diceva spiritosamente Mark Twain, si vedono tutti i problemi sotto forma di chiodi. Gli uomini moderni si sono messi un martello economico nella testa. Tutte le nostre preoccupazioni, tutte le nostre attività, tutti gli avvenimenti vengono visti attraverso il prisma dell'economico. Come dice l'antropologo svizzero Gérald Berthoud, «l'economia è una categoria fondamentale dell'intelligibilità del mondo, ma anche della nostra incomprensione degli altri e in fin dei conti di noi stessi».[18] È dunque necessaria una rivoluzione culturale nel vero senso del termine. «Ma perché si dia una simile rivoluzione – scrive Castoriadis – bisogna che si producano dei cambiamenti profondi nell'organizzazione psicosociale dell'uomo occidentale, nel suo atteggiamento verso la vita, in sostanza nel suo immaginario. Bisogna che l'idea che la sola finalità della vita è produrre e consumare di più – idea al tempo stesso assurda e de-

[17] Castoriadis, *La montée de l'insignifiance*, p. 96.
[18] Berthoud, *Un anti-économiste nommé Polanyi*, p. 77.

gradante – sia abbandonata; bisogna che sia abbandonato l'immaginario capitalistico di uno pseudocontrollo pseudorazionale del mondo, di una espansione illimitata. Questo possono realizzarlo soltanto gli uomini e le donne insieme. Un individuo isolato, o un'organizzazione, possono al massimo preparare, criticare, stimolare, delineare degli orientamenti possibili».[19]

Tuttavia, per pensare una fuoriuscita dall'immaginario dominante, bisogna partire dal modo in cui ci siamo entrati. In altre parole, se si vuole riuscire a togliersi il martello dalla testa, bisogna sapere di che cosa è fatto e come ci è entrato. Di che cosa è fatto, in qualche modo lo sappiamo. Oggi essenzialmente il martello è economico, economista ed economicista. È l'ideologia della crescita, dello sviluppo, del consumismo, in sostanza il pensiero unico. Rimane da capire come ci siamo arrivati e come uscirne. Riguardo al primo punto, è in gioco tutta la storia dell'Occidente e della modernità. Quanto al secondo, lo scopo di questo libro è proprio di tentare di trovare una risposta.

Tecnica, crescita e sviluppo

Secondo Castoriadis, come anche per noi, c'è una *invenzione* dell'economia. Le ultime pagine dell'*Institution imaginaire de la société* si concentrano proprio su tale questione. Vi si trova in gestazione quello che ho cercato di sviluppare in *L'invention de l'économie*, cioè l'analisi del modo in cui l'economia si istituisce nell'immaginario occidentale moderno.[20] Questa invenzione dell'economia è d'altra parte indissociabile dalla tecnicizzazione del mondo.

Il mio libro sulla «megamacchina» è dedicato alla memoria di Jacques Ellul, e la critica della tecnica sviluppata da Ellul ne costituisce l'ossatura. Tuttavia, la riflessio-

[19] Castoriadis, *Une société à la dérive*, p. 244.

[20] Da questo punto di vista, anche se il nome di Castoriadis vi è citato raramente, *L'invention de l'économie* è il mio libro più castoriadisiano.

ne critica sulla tecnica è ben presente anche in Castoriadis, che ha anche scritto la voce *Technique* per l'*Encyclopedia universalis*. In questo testo Castoriadis fa riferimento a Heidegger e ad altri autori, come John Ruskin, che hanno criticato la tecnica: «Sono state rilevate *giustamente* [...] una serie di conseguenze nefaste dello sviluppo tecnico del capitalismo, altrettanto se non più importanti dei suoi effetti ecologici».[21] Nello stesso articolo Castoriadis fa esplicito riferimento alle analisi di Ellul e al tempo stesso sottolinea la distanza che lo separa da questo autore. Autonomizzando eccessivamente la tecnica, Ellul sarebbe, secondo la sua espressione, un «marxista negativo». In altri termini, la tecnica in Ellul sarebbe ancora – e questa volta per il peggio – il determinante della storia. L'essenza della tecnica, conclude Castoriadis riprendendo la celebre formula di Heidegger, non è assolutamente nulla di tecnico. È invece sociale e politica, e in questo senso Castoriadis si rifà all'idea di megamacchina di Lewis Mumford. Questo coincide con il nocciolo dell'analisi sviluppata nel mio libro, che riprende nel titolo per l'appunto l'immagine forte della megamacchina. Si tratta in effetti di articolare la critica di Ellul della tecnica con la critica dello sviluppo.

Così come la tecnica, nell'opera di Castoriadis anche lo sviluppo non viene analizzato diffusamente. Esso viene liquidato (e ben liquidato) in poche frasi incisive, o all'interno di una discussione o in riflessioni su altri argomenti. È nel contributo al libro di Candido Mendes *Le mythe du développement* (1977) che si trovano le considerazioni più ampie – alcune pagine consecutive – sulla questione.[22] In questo testo Castoriadis parla della crisi dello sviluppo come crisi dei significati immaginari corrispondenti, e in particolare del progresso. Per lui l'incre-

[21] Castoriadis, *Technique*, p. 805.
[22] Castoriadis, *Réflexions sur le «développement» et la «rationalité»*.

dibile resilienza ideologica dello sviluppo si fonda sulla non meno sorprendente resilienza del progresso. Come scrive magistralmente: «Nessuno crede più veramente nel progresso. Tutti vogliono qualcosa di più per l'anno prossimo, ma nessuno crede che la felicità dell'umanità stia nell'aumento del 3 per cento l'anno del livello dei consumi. Certo l'immaginario della crescita è sempre vivo, è addirittura l'unico che resiste nel mondo occidentale. L'uomo occidentale non crede più a nulla, se non che riuscirà rapidamente ad avere un televisore ad alta definizione».[23] È esattamente questo che impedisce a molti di aderire all'idea della decrescita.

In *L'institution imaginaire de la société* Castoriadis, attraverso la critica della razionalizzazione infinita, si dichiara decisamente un «obiettore di crescita»: «Si dice spesso [...] – scrive – che "tutto è subordinato all'efficacia", ma efficacia per chi, per che cosa e per quale scopo? La crescita economica è stata realizzata: ma per fare cosa, per chi, a quali costi, e per arrivare dove? Se si eludono queste domande, non ci sono più ostacoli all'espansione della nostra razionalizzazione immaginaria. Niente può fermarla, è senza limiti (il che si traduce nella sostituzione dell'essere umano "con un insieme di aspetti parziali scelti arbitrariamente secondo un sistema arbitrario di fini"), elevata al rango di necessità obiettiva, mentre qualsiasi dubbio viene considerato appannaggio di "persone poco serie come i poeti e i romanzieri"».[24] Come si vede, ritroviamo in Castoriadis il punto di partenza del progetto di società della decrescita.

Come uscirne?

Naturalmente, si deve pensare innanzitutto all'educazione, la *paideia*. Castoriadis si interroga: «Che vuol dire,

[23] Castoriadis, *Une société à la dérive*, p. 220. Si veda anche il mio *La Mégamachine*, pt. 3.
[24] Castoriadis, *L'institution imaginaire de la société*, p. 157.

per esempio, la libertà o la possibilità per i cittadini di partecipare, se non c'è, nella società di cui parliamo, quel qualcosa che va scomparendo nelle discussioni contemporanee [...], e cioè la *paideia*, l'educazione del cittadino? Non si tratta di insegnargli l'aritmetica, si tratta di insegnargli a essere cittadino. Nessuno nasce cittadino. E come lo si diventa? Imparando a esserlo. Lo si impara, in primo luogo, guardando la città in cui ci si trova. E sicuramente non attraverso la televisione che si guarda oggi».[25]

Tuttavia, questo è possibile soltanto se la società della decrescita è già realizzata. Bisogna prima uscire dalla società dei consumi e dal suo regime di «cretinizzazione civica». La questione della fuoriuscita dall'immaginario dominante, per Castoriadis come per noi, è fondamentale, ma estremamente difficile, perché non si può decidere di cambiare il proprio immaginario, e ancor meno quello degli altri, soprattutto se «dipendenti» dalla droga della crescita. A una domanda su questo punto – «In precedenza lei ha detto che bisogna voler lavorare sulla propria anima, che bisogna voler pensare: dunque sarebbe la volontà il punto di partenza di questa ricerca della libertà?» – Castoriadis risponde: «Certo, ma questa volontà è motivata anche dalla riflessione, e dal desiderio. Bisogna desiderare di essere liberi, se non si desidera di essere liberi non si può esserlo. Ma non basta desiderarlo, bisogna farlo, cioè mobilitare una volontà, e praticare una prassi, una prassi riflessiva e deliberata che permetta di realizzare questa libertà in quanto possibilità che risulta immanente nella misura in cui lo si desidera».[26]

Noi possiamo fare nostra la risposta di Castoriadis. Tuttavia, una volta identificati i cambiamenti necessari, è chiaro che questi non possono essere attuati con una decisione volontarista, del genere: «Oggi pensiamo così,

[25] Castoriadis, *Démocratie et relativisme*, p. 96.
[26] Castoriadis, *Une société à la dérive*, p. 275.

domani dobbiamo pensare diversamente». Come osserva ancora Castoriadis: «La famiglia, il linguaggio, la religione delle persone non si trasformano con le leggi e i decreti, e ancor meno con il terrore».[27] Il punto è esattamente questo. Tutti i tentativi di cambiare radicalmente i modi di pensare e i modi di vita, sempre più o meno compiuti con la forza, hanno avuto dei risultati terrificanti, come dimostra l'esperienza dei Khmer rossi in Cambogia. È per questo d'altronde che i nostri avversari, quando vogliono delegittimarci, presentano in modo caricaturale le nostre posizioni chiamandoci «Khmer verdi». Castoriadis è ancora più chiaro nel dibattito con il Mauss: «Possiamo anche dire, come fa Caillé, che esistono dei valori di solidarietà estremamente importanti; ma non possiamo farne uno dei punti di un programma politico».[28]

Denunciare l'aggressione pubblicitaria, oggi veicolo di ideologia, è sicuramente il punto di partenza della controffensiva[29] per uscire da quello che Castoriadis chiama l'«onanismo consumistico e televisivo».[30] Il fatto che la rivista «La décroissance» sia stata fondata dall'associazione Casseurs de pub non è un caso. Il movimento degli obiettori di crescita è largamente e naturalmente legato alla resistenza all'aggressione pubblicitaria. In effetti la pubblicità costituisce la molla fondamentale della società della crescita – cosa d'altronde riconosciuta, non senza un certo cinismo, dagli stessi pubblicitari. «Possiamo svilupparci soltanto come società di sovraconsumo – scrive Jacques Séguela –. Questo surplus è una necessità del si-

[27] *Ibid.*, p. 178.

[28] Castoriadis, *Démocratie et relativisme*, p. 72.

[29] È quello che noi facciamo a diversi livelli, più o meno astratti e più o meno teorici, con i gruppi La Ligne d'horizon o Casseurs de pub e le riviste «L'écologiste», «Silence» e «Entropia»; ed è la ragion d'essere del Rocade (Réseau des objecteurs de croissance pour l'après-développement) o dell'Association des amis d'«Entropia».

[30] Castoriadis, *Démocratie et relativisme*, p. 194.

stema. [...] Questo sistema fragile sopravvive soltanto grazie al culto del desiderio».[31]

In sostanza, siamo di fronte a un vero e proprio complotto, ben analizzato da Edward Bernays, il nipote di Freud, che come un perfetto cesellatore ha snaturato la psichiatria per applicarla al marketing, cioè all'arte del riduttore di teste per eccellenza. Con un cinismo e una lucidità incredibili, Bernays dichiara che «la manipolazione consapevole e intelligente delle abitudini e delle convinzioni delle masse è un elemento importante della società democratica. Coloro che manovrano questo meccanismo nascosto della società costituiscono un governo invisibile che è la vera potenza regnante del paese».[32] In effetti, osserva Castoriadis, «tutto quello che avviene nella società non avviene per costrizione: le persone vogliono questo modo di consumo, questo tipo di vita, vogliono passare tante ore al giorno davanti alla televisione e giocare con il computer di casa. C'è qualcosa di diverso da una semplice "manipolazione" da parte del sistema e delle industrie che ci guadagnano. C'è un enorme movimento – uno scivolamento – in cui tutto si tiene: le persone si spoliticizzano, si privatizzano, si rifugiano nella loro piccola sfera "privata", e il sistema fornisce loro i mezzi per farlo. E quello che le persone trovano in questa sfera "privata" le allontana ancora di più dalla responsabilità e dalla partecipazione politica».[33]

La decolonizzazione dell'immaginario sarà un processo lungo, che dovrà avvenire per *autotrasformazione*. Ma, osserva ancora Castoriadis, «nel frattempo il procedere automatico della tecnoscienza continua a distruggere l'ambiente e a creare rischi immensi in un futuro sempre più prossimo".[34] È dunque urgente intervenire. Ma che fare?

[31] Séguela, *L'argent n'a pas d'idées*.
[32] Bernays, *Propaganda* (1928), citato in Dufour, *Le Divin Marché*, p. 48.
[33] Castoriadis, *Une société à la dérive*, p. 189.
[34] *Ibid.*, p. 175.

La conquista pacifica delle menti richiede molta pazienza. Di sicuro, la scommessa della decrescita non è vinta! Soltanto una crisi può accelerare le cose provocando un fermento rivoluzionario. Una rivoluzione è necessaria. Ma, va subito precisato, per noi come per Castoriadis, «rivoluzione non vuol dire né guerra civile né spargimento di sangue». In effetti, il nostro sistema sopravvive solo perché affonda le sue radici in una storia ricca e variegata, in tradizioni culturali che fagocita e distrugge ma che sono al tempo stesso indispensabili alla sua sopravvivenza. Probabilmente non è lontano il momento in cui la pianta parassita avrà soffocato del tutto l'albero di cui ha succhiato la linfa, condannando l'enorme e arrogante fogliame al deperimento e alla morte.[35] Tuttavia, questo crollo auspicabile non garantisce automaticamente un domani radioso, ed è a questo punto che la rivoluzione si impone. Castoriadis continua: «La rivoluzione è un cambiamento di determinate istituzioni centrali della società a opera della società stessa: l'autotrasformazione esplicita della società condensata in un tempo breve [...] La rivoluzione significa l'ingresso della maggioranza della comunità in una fase di attività *politica*, ovverosia *costituente*. L'immaginario sociale si mette al lavoro e la-

[35] «Come può il sistema continuare in queste condizioni? Continua perché beneficia ancora di modelli di identificazione prodotti *nel passato*: [...] il giudice "integro", il burocrate imparziale, l'operaio coscienzioso, il genitore responsabile dei suoi figli, il maestro che, senza alcuna ragione, continua a essere interessato al suo mestiere. Ma niente, nel sistema così com'è, giustifica i valori che questi personaggi incarnano e che dovrebbero perseguire nelle loro attività. Perché un giudice dovrebbe essere integro? Perché un maestro dovrebbe sudare con dei mocciosi invece di far passare il tempo in classe, tranne il giorno in cui arriva un ispettore? Perché un operaio dovrebbe sfinirsi ad avvitare centocinquanta bulloni se può barare con il controllo di qualità? Non c'è niente, nelle significazioni capitalistiche, fin dall'inizio ma soprattutto per come sono diventate oggi, che possa dare una risposta a queste domande. Il che pone ancora una volta la questione della possibilità, alla lunga, dell'autoriproduzione di un sistema simile» (Castoriadis, *La montée de l'insignifiance*, p. 133).

vora esplicitamente alla trasformazione delle istituzioni esistenti».[36] Già in *La société bureaucratique* Castoriadis definiva la rivoluzione come uno «strappo radicale da forme plurimillenarie della vita sociale, uno strappo che mette in discussione la relazione dell'uomo con i suoi strumenti di lavoro come con i suoi figli, il suo rapporto con la collettività come con le sue idee, insomma tutte le dimensioni del suo avere, del suo sapere e del suo potere».[37]

In questo senso, il progetto della società della decrescita è sostanzialmente rivoluzionario. Si tratta di un cambiamento di cultura non meno che delle strutture del diritto e dei rapporti di produzione. Tuttavia, trattandosi di un progetto politico, la sua realizzazione obbedisce più all'etica della responsabilità che all'etica della convinzione. La politica non coincide con la morale, e chi esercita la responsabilità deve fare dei compromessi con l'esistenza del male. La ricerca del bene non è la ricerca del Bene assoluto ma piuttosto quella del male minore. Non per questo però il realismo politico deve significare abbandonarsi alla banalità del male, ma piuttosto contenerla nell'orizzonte del bene comune. In questo senso, per quanto radicale e rivoluzionaria, qualsiasi politica non può che essere riformista, e deve esserlo se non vuole sprofondare nel terrorismo. Ma d'altra parte questo necessario pragmatismo dell'azione politica non significa una rinuncia agli obiettivi dell'utopia concreta. Il potenziale rivoluzionario dell'utopia concreta non è incompatibile con il riformismo politico, a patto che gli inevitabili compromessi non degenerino in compromissione del pensiero.

La società della decrescita, come la società autonoma di Castoriadis, non è concepibile senza una fuoriuscita dal capitalismo. Tuttavia, la formula «uscire dal capitali-

[36] Castoriadis, *Une société à la dérive*, p. 177.
[37] Castoriadis, *La société bureaucratique*, vol. 2, p. 53.

smo» sta a indicare un processo storico che è tutto salvo che semplice. L'eliminazione dei capitalisti, la proibizione della proprietà privata dei mezzi di produzione, l'abolizione del rapporto salariale o della moneta sprofonderebbero la società nel caos e sarebbero possibili soltanto grazie a un terrorismo generalizzato. Ma tutto questo non basterebbe per rimuovere l'immaginario capitalistico, anzi...

Uscire dallo sviluppo, dall'economia e dalla crescita non significa dunque rinunciare a tutte le istituzioni sociali che l'economia si è annessa, ma *reinquadrarle* in una logica differente. Anche su questo punto, siamo in sintonia con l'analisi di Castoriadis: «Nel marxismo c'è l'idea assurda che il mercato in quanto tale, la merce in quanto tale, "personificano" l'alienazione. Si tratta di un'idea assurda, in quanto i rapporti tra gli uomini, in una società ampia, non possono essere "personali" come in una famiglia. Sono sempre, e saranno sempre, socialmente mediati. Nel contesto di un'economia appena sviluppata, questa mediazione si chiama *mercato* (scambio)». «A mio parere – scrive ancora Castoriadis – è del tutto evidente che non può esistere una società complessa senza, per esempio, mezzi impersonali di scambio. La moneta esercita questa funzione, e in questo senso è estremamente importante. Che si sottragga alla moneta una delle sue funzioni nelle economie capitalistica e precapitalistica, cioè quella di strumento di accumulazione individuale di ricchezza e di acquisizione di mezzi di produzione, è una cosa. Ma in quanto unità di valore e mezzo di scambio, la moneta è una grande invenzione, una grande creazione dell'umanità».[38]

Alla domanda «Attualmente quali forze sociali sono portatrici di un'alternativa? Oppure l'idea stessa di un legame tra un'alternativa e delle forze sociali precise è fal-

[38] Castoriadis, *Une société à la dérive*, pp. 190 e 198.

sa?», Castoriadis risponde: «Questa idea in effetti è falsa, in ogni caso per le società moderne. Non si può più affermare che il "proletariato" ha storicamente il compito della trasformazione della società. [...] Oggi la trasformazione della società richiede la partecipazione di tutta la popolazione, e tutta la popolazione può essere resa sensibile a questa necessità – a eccezione forse di un 3-5 per cento di inconvertibili».[39] Questa risposta coincide perfettamente con quella data dal subcomandante Marcos, ed è anche la nostra.

Per la decrescita vale quello che Castoriadis dice di tutte le idee innovative: «I loro avversari cominciano sostenendo che sono assurde, continuano dicendo che tutto dipende dal significato che si attribuisce loro e finiscono per affermare che le avevano sempre sostenute caldamente». Ma aggiunge: «Non bisogna mai perdere di vista il fatto che una simile "accettazione" a parole è uno dei mezzi migliori per far perdere a quelle idee la loro forza eversiva. [...] La società contemporanea dà prova di un virtuosismo senza pari nell'arte del recupero o dello snaturamento delle idee».[40]

[39] Castoriadis, *Une société à la dérive*, p. 187. Castoriadis aggiunge: «Bisogna insistere su un'altra idea falsa, profondamente radicata nel movimento "di sinistra": l'idea di un privilegio politico-storico dei poveri. È un'eredità cristiana. La logica e l'esperienza storica insegnano che l'idea di un privilegio simile è assurda, e che i veri "poveri" sono piuttosto inclini a piegare la schiena davanti ai potenti».

[40] Castoriadis, *Capitalisme moderne et révolution*, vol. 2, p. 428.

7. Utopia mediterranea e decrescita

> All'estremo delle nostre demenze, fantastichiamo di un equilibrio che ci siamo lasciati alle spalle e che ingenuamente crediamo di ritrovare in fondo ai nostri errori. Presunzione puerile che giustifica come popoli infantili, eredi delle nostre follie, guidino oggi la storia. [...] Perciò oggi è indecente proclamare che siamo figli della Grecia. Oppure ne siamo i figli rinnegati.
>
> Albert Camus[1]

L'affermazione dell'esistenza di una identità mediterranea comune ai paesi dell'Europa del Sud a volte crea la convinzione di un possibile destino comune, quello che il filosofo Franco Cassano definisce molto giustamente l'«utopia mediterranea».[2] Questa Europa, che comprende, oltre all'Italia, la penisola Iberica (la Spagna e anche il Portogallo), la Grecia, i paesi dell'ex Iugoslavia, l'Albania e più o meno la Francia, sarebbe *naturalmente* orientata verso il sud. Di conseguenza questa area benedetta dagli dei sfuggirebbe, secondo i suoi cantori, a un Occidente diventato quasi esclusivamente anglosassone, e potrebbe avvicinarsi al Terzo Mondo africano e mediorientale. Questa Europa non sarebbe più l'Europa delle Borse globalizzate, di Francoforte e dell'euro, dell'americanizzazione forsennata, dell'*onnimercificazione*. Sarebbe l'Europa di una civiltà più conviviale, più umana, più sociale, più tollerante (rispetto alla diversità), più culturale, fondata sui valori mediterranei oggi aggrediti o rimossi: la solidarietà, il senso della famiglia, l'arte di vivere, una certa concezione del tempo e della morte, il tutto condito all'olio d'oliva. Ci sarebbe dunque una via mediterranea

[1] Camus, *L'esilio di Elena*, pp. 80-81.
[2] Cassano, *Il pensiero meridiano*.

capace di portare a una società sostenibile di sobrietà e solidarietà, la via del doposviluppo. È possibile che il sogno nutrito da Bruxelles e ripreso di recente da Sarkozy di un grande partenariato economico, politico e culturale con gli altri paesi che si affacciano sul Mediterraneo dia corpo a un inizio della realizzazione dell'utopia *meridiana*? A guardare più da vicino, però, non appare evidente che quello che propone il processo di Barcellona è esattamente il contrario del progetto sognato? E non è altrettanto evidente che la rottura esplicita con la società della crescita è un fatto preliminare indispensabile per dare concretezza alla via mediterranea?

Il mito di una via mediterranea testimonia l'esistenza di radici preindustriali, precapitalistiche, premoderne e precristiane nel cuore stesso dell'Occidente, ed è interessante constatare come questi elementi vengano evocati in una dimensione di nostalgia. Allo stesso modo, forse si potrebbe *inventare* una via celtica, germanica, slava, o ancora chissà quale, a indicare che l'*indiano* in noi non è del tutto morto. Il risveglio degli amerindi è un richiamo per questo indiano. Questa presenza residua o rimossa potrebbe favorire, in certe condizioni, la transizione verso l'utopia concreta della società di opulenza frugale della decrescita, e dare maggiore consistenza a un progetto specificamente europeo di una società di questo tipo.

Il mito della via mediterranea

Pur essendo innegabili delle parentele mediterranee – dalla percezione del tempo al senso dell'onore, passando per la cucina – la negazione dell'appartenenza della riva settentrionale del Mediterraneo all'era culturale occidentale, e dunque alla logica della società dei consumi, appare arbitraria. Una solidarietà profonda tra il Sud dell'Europa e quello che fino a poco tempo fa veniva chiamato Terzo Mondo sarebbe fondata su una sorta di complicità geoculturale. L'Europa del Sud diventerebbe in questo modo la salvatrice di una costruzione europea in cerca della propria identità. Si tratterebbe dunque di scongiurare per l'Europa la minaccia di una deriva americana, di cui la «macdonaldizzazione» del pianeta costituisce un sintomo inquietante.

È necessario sottolineare però una certa sterilità delle «idiosincrasie» meridionali e dissipare la nebbia di illusioni che avvolge il progetto – illusioni sapientemente nutrite dalle sovvenzioni di Bruxelles per mascherare la sua politica di distruzione di quello che resta dell'identità mediterranea. Il progetto di una *via* mediterranea acquisterebbe senso soltanto se esistesse una *voce* mediterranea, cioè una sorta di grande cittadinanza comune fondata sul rispetto e sulla complementarità delle culture, tutte ugualmente indispensabili per costituire una identità mediterranea,[3] ma soprattutto potenziali portatrici di un progetto originale. Ma ahimè, parlare oggi di una via mediterranea è solo una bella utopia, nutrita di nostalgia di un passato immaginario, e nel peggiore dei casi una atroce ironia. Mai come oggi le voci mediterranee sono state così poco ascoltate e così discordanti. Mai le vie sono state tanto divergenti, per poi convergere verso il vicolo cieco in cui tutte rischiano di chiudersi.

Il riferimento alla conferenza di Barcellona del 1995 su un partenariato euromediterraneo, fonte di speranza per tutti i nostalgici del pensiero meridiano, fa sorridere le persone «serie». I politici non perdono mai l'occasione di citare qualche pezzo di bravura del «teatrino» dei tecnocrati di Bruxelles sul processo di integrazione dei paesi della riva sud del Mediterraneo, che riunisce la politica, la sicurezza e l'economia in uno «sviluppo policentrico» e un «cosviluppo», e poi la finanza, e naturalmente la

[3] Grimaldi, *Cadmos cerca Europa*.

cultura e gli uomini, in questo «spazio comune di pace e stabilità».[4] Il pathos brussellese su un partenariato euromediterraneo, ulteriormente amplificato dalla retorica sarkozyana, serve solo a mascherare le crudeli realtà delle logiche economiche incoraggiate, se non attuate direttamente, dalla Commissione europea.[5] Se l'Unione europea, spinta dall'asse Parigi-Roma-Madrid, si interessa alla riva sud del Mediterraneo, è solo per proporre una zona di libero scambio le cui condizioni equivalgono alla richiesta di un aggiustamento strutturale.[6] In altre parole, la cultura comune serve a vendere un progetto di deculturazione accelerata!

L'idea lanciata nel 1995 era di costruire entro il 2010 (scadenza poi rinviata alle calende greche) un mercato di 800 milioni di consumatori, inglobando selettivamente i paesi dell'area (Algeria, Cipro, Egitto, Giordania, Israele, Libano, Malta, Marocco, Siria, Tunisia, Turchia e Autorità palestinese). La Libia, anche se affacciata sullo stesso mare, era esclusa per ragioni politiche, mentre la Giordania, che affacciata sul quel mare non è, era inclusa per le stesse ragioni... Per il momento, per gli europei il commercio con questi paesi rappresenta poca cosa (le esportazioni europee verso l'area incidono per meno dello 0,5 per cento sul Pil e arrivano solo all'1,7 del totale), mentre ben diverso è il movimento in senso contrario, in quanto i paesi in questione hanno con l'Unione il 50 per cento dei loro scambi, anche se costituiscono solo l'8 per cento (esportazioni più importazioni) del commercio estero europeo.[7] Soprattutto, questa integrazione economica è concepita per favorire una stabilizzazione politica e di sicurezza sotto la sorveglianza della Nato, necessaria per

[4] Si veda per esempio D'Agostino, *Viaggio attorno al Mediterraneo*.
[5] Come ricorda, tra gli altri, Cattedra, *L'invenzione del Mediterraneo*.
[6] Altamura, *Mare monstrum*.
[7] Mens, *Si proches, si loin...*

garantire la continuità dei flussi di petrolio e di gas.[8] Comunque sia, a quindici anni dal lancio del processo di Barcellona, dire che i risultati sono magri è un eufemismo. E le gesticolazioni mediatiche del presidente Sarkozy servono a poco per cambiare le cose. Finché non sarà risolto il conflitto israelo-palestinese non si farà nulla.

Ma anche se questa ipoteca venisse meno, bisognerebbe comunque guardare le cose in faccia. Le regioni sovrappopolate e impoverite del Nord Africa, avanguardia di un continente alla deriva, sono più che mai separate dalle rive della prosperità, che gli appaiono come paradisi inaccessibili. La differenza di reddito tra un egiziano e un francese è di 1 a 50![9] I paesi europei della riva nord producono il 90 per cento del Pil dell'area, mentre rappresentano solo il 40 per cento della popolazione. Lungi dall'essere complementari, le economie delle due rive sono invece concorrenti. Gli agrumi del Marocco e l'olio d'oliva della Tunisia minacciano le produzioni spagnole, italiane e greche. E lungi dall'essere un crocevia tra la riva occidentale e la riva orientale, il *mare nostrum*, come lo chiamavano i romani, è luogo dei più gravi conflitti: religiosi, culturali, geopolitici. La frattura ideologica tra Oriente e Occidente si manifesta in modo caricaturale nella divisione dell'isola di Cipro. E raggiunge il parossismo nel conflitto arabo-israeliano, prolungato nelle guerre del Libano e dell'Iraq. Nell'ex Iugoslavia i ripiegamenti identitari e la pulizia etnica si sono scatenati tra serbi e albanesi del Kosovo, tra croati e musulmani di Bosnia, per non parlare delle minoranze ungheresi, zingare, armene, ebraiche... I rapporti mediterranei oggi sono fatti soprattutto di scambi di missili, di attentati terroristici, di prese di ostaggi e di flussi di rifugiati. La presenza

[8] Pepicelli, *Le relazioni tra riva nord e riva sud nel partenariato euromediterraneo*.
[9] Coppola, *Mediterraneo*.

della flotta americana serve a garantire, innanzitutto, che il Medio Oriente continuerà a essere la stazione di servizio dell'Occidente. Le conseguenze prevedibili della deregolazione climatica non miglioreranno certo le cose. I drammi che colpiranno in particolare il Maghreb rischiano di generare ben poca solidarietà sulla riva nord, in preda ai propri problemi.

La decrescita, un progetto mediterraneo?

Dunque, un'*altra* Europa è possibile? È più che legittimo dubitarne. Certo, esiste innegabilmente una sensibilità meridiana, ma l'Europa mediterranea è un'utopia nel senso stretto del termine. Questo non vuol dire però che non valga la pena di inventarla e di tentare di realizzarla, ispirandosi a un passato mitico che permetta di intravedere un altro destino.

«La Ragione – ci ricorda Raffaele La Capria – nacque sulle coste del Mediterraneo, che era stato la culla degli Dei e vi operò, per secoli, nell'Armonia. Quando abbandonò questo mare ed emigrò verso il Nord, portò agli iperborei delle grandi rivoluzioni, dei profondi sconvolgimenti, e una "società più avanzata". Poi si impadronì della Scienza e della Tecnica, produsse il Necessario e lo scintillante Superfluo, ne fece commercio e cancellò la presenza degli Dei dal mondo, che essa dominò».[10] È innegabile che questo allontanamento dal concreto e questo fascino per la geometria, questa operazione di disconoscimento dell'essere a vantaggio di una artificializzazione del mondo e dell'eliminazione della *phronesis* (la ragione ragionevole) hanno avuto per l'Occidente risultati straordinari. Ne è derivato un effetto inaudito di potenza tecnica. L'efficienza economica è anch'essa il risultato della

[10] La Capria, *La mosca nella bottiglia*.

razionalità strumentale eretta ad assoluto. Questa razionalità trionfa con la supremazia del mondo atlantico sul mondo mediterraneo. Non bisogna comunque dimenticare che questo mondo Wasp (*white, anglo-saxon, protestant*) è pur sempre figlio (bastardo, ma figlio) della Grecia e del Mediterraneo. Come ricorda lo stesso Marx, e ancora meglio Werner Sombart, il capitalismo e il calcolo razionale, punti di partenza della globalizzazione dei nostri giorni, vengono inventati a Genova, Barcellona, Venezia e soprattutto Firenze, ma anche ad Amalfi fin dall'XI secolo, prima di emigrare verso il Nord Europa e poi attraversare l'Atlantico. Tuttavia, questa efficienza prodigiosa si scontra con dei limiti. La megamacchina tecnoeconomica occidentale ormai rischia di andare a fracassarsi contro il muro della dismisura (ancora la *hybris* dei greci). Deregolazione climatica, scomparsa della biodiversità, esaurimento delle risorse naturali, morte degli oceani, diffusione inquietante delle malattie create dall'uomo, oggi minacciano la sopravvivenza stessa della specie umana. È necessario dunque cambiare via e ascoltare di nuovo le voci ancestrali della *phronesis*.

Il mondo mediterraneo è in grado di accettare la sfida? Aristotele, la cui opera ha tanto segnato l'Occidente, anche attraverso l'eredità dei suoi discepoli arabi Avicenna (Ibn Sina), Averroè (Ibn Rushd) e Ibn Khaldun, è indubbiamente un pensatore mediterraneo. La sua etica è alla base di una concezione del mondo fondata sulla misura, la prudenza e l'equilibrio. Il suo pensiero è un patrimonio comune alle culture delle rive del Mediterraneo. Una «euromediterraneità» delle idee ha senz'altro più rilevanza e consistenza di quella dei popoli e delle economie. Rifarsi ad Aristotele per inventare un'identità europea, fondare un'entità politica in grado di aprirsi ai vicini e instaurare un vero dialogo delle culture richiede di ripercorrere in senso inverso la traiettoria intellettuale che ha portato l'Occidente al suo prevedibile fallimento attuale e di realizzare una improbabile *metanoia* («riconversione»). Non è un mitico *altro* sviluppo o una non meno mitica *altra* crescita, per quanto verde, che permetteranno di raggiungere questo risultato. È necessaria una rottura radicale con l'imperialismo dell'economia mercantile e con la dismisura della crescita per la crescita all'infinito. Bisogna sostenere il ritorno a un'idealità e a un'etica democratiche, emancipate dalla corruzione tecnocratica e dai guasti dell'utilitarismo. Sono indispensabili l'elaborazione e la diffusione di una ragione rigenerata fondata sulla tradizione, che vada oltre quest'ultima e al tempo stesso si liberi della tradizione della razionalità strumentale.

Questa *metanoia* richiede un serio riesame della *tradizione* stessa. Se è vero che «nel passato possiamo scoprire le strade verso il futuro», come dicono gli zapatisti, bisogna anche aggiungere con loro: «noi indigeni non apparteniamo a ieri, apparteniamo al domani».[11] Ed è importante aggiungere le parole della comandante Esther: «Noi donne sappiamo quali usi e costumi sono buoni e quali sono cattivi».[12] Il capitalismo, l'economia e il fantasma della crescita infinita, come hanno ben indicato Erich Fromm, Wilhelm Reich e molti altri, sono patricentrici e fallocratici, insomma maschilisti. E non bisogna dimenticare che molte culture tradizionali, in particolare mediterranee, lo sono state altrettanto. Invece, la società della decrescita sarà femminista o non sarà. I valori specificamente veicolati dalle donne, come quello del *care*, devono avere o riavere la meglio. Un «ritorno» dunque può avvenire soltanto nella nuova prospettiva della costruzione concreta di una società della decrescita. Questa è la sfida lanciata al pensiero meridiano come a ogni pensiero che voglia far rivivere le culture delle tradizioni locali.[13]

[11] Dichiarazione del 12 marzo 2001, citata in Baschet, *La rébellion zapatiste*, p. 191.
[12] Dichiarazione del 28 marzo 2001, citata *ibid.*, p. 223.
[13] Latouche, *Le pari de la décroissance*.

Conclusione

La cucina è una buona metafora del destino dell'utopia meridiana e al tempo stesso un buon indicatore della sua fondatezza. C'era una dieta mediterranea, il famoso regime cretese, a base di grano duro e legumi (secchi e freschi), accompagnati da un poco di carne o pesce e olio d'oliva, oltre che da frutta. Questo regime è stato ampiamente abbandonato sulla riva nord del Mediterraneo, e lo è sempre di più anche sulla riva sud, a vantaggio di una dieta transnazionale, quella del cibo spazzatura (*junk food*). Questa dieta, causa di obesità e di malattie cardiovascolari, si inserisce nella generale dipendenza da consumo generata dalla società della crescita, da cui il progetto della decrescita vuole liberarci.

Certo, per l'obiettore di crescita l'obesità che si va diffondendo è legata all'insieme dello stile di vita prodotto dalla società della crescita: diminuzione dell'attività manuale a vantaggio di una vita sedentaria e passiva negli uffici (e anche nelle fabbriche), diminuzione degli spostamenti a piedi a vantaggio dei tragitti in automobile, compensata in modo del tutto inadeguata dalla moda del jogging e della bicicletta. Tuttavia, l'obesità è un fenomeno che chiama specificamente in causa innanzitutto il regime alimentare prodotto dalla società consumistica, soprattutto nella sua fase più recente (di *cocacolizzazione* e di *macdonaldizzazione*). In effetti la globalizzazione ha trasformato il regime alimentare dei consumatori creduloni e imprudenti, sedotti dalle apparenze e felicissimi di consumare fuori stagione splendidi frutti calibrati (spesso insipidi e velenosi) arrivati dall'altra estremità del pianeta. Si è passati così da un'alimentazione equilibrata basata su un metabolismo millenario (il famoso modello cretese o mediterraneo) a un'alimentazione industriale, troppo ricca di zucchero, grasso, sale e molecole di sintesi. Per esempio, secondo uno studio di Didier Raoult, direttore del laboratorio di virologia dell'Hôpital de la Timone, a Marsiglia, gli yogurt cosiddetti «di salute» Activia o Actimel, imbottiti di probiotici, i «buoni batteri attivi e vivi» (Danone dixit), sarebbero uno dei fattori che favoriscono l'obesità. La cosa non sorprende, se si pensa che sono le stesse molecole che vengono propinate negli allevamenti industriali a maiali e pollame per ingrassarli.[14] D'altra parte, l'abuso di carne, soprattutto rossa, sarebbe responsabile dell'insorgenza del cancro.[15]

I fast food sono diventati il simbolo di questo modello da eliminare, di cui Yves Cochet dà la gustosa formula: «Produttori mal pagati + energia a buon mercato + bassi costi di trasporto + trasformazione da parte di proletari stranieri + impatti ambientali e sanitari non contabilizzati = alimentazione "moderna" a buon mercato per consumatori occidentali frettolosi».[16] Contro tutto questo si battono sia gli obiettori di crescita che il movimento Slow Food. In effetti è proprio dall'Italia, con Carlo Petrini, che è partita la reazione, con la riabilitazione della cucina meridionale. Si può dire che il movimento Slow Food rappresenti il versante culinario del progetto della decrescita. Il fatto che i partigiani della decrescita si occupino di gastronomia può sorprendere. Ma mangiare è diventato, secondo l'espressione di Petrini, un «atto agricolo»,[17] se non addirittura un atto politico. Interrogarsi sul contenuto del piatto che ci sta davanti rivela una legittima propensione ai piaceri del palato, e al tempo stesso la gastronomia ha un rapporto con la totalità della vita sociale. Un gastronomo che non è anche un ecologista è un imbecille, ma un ecologista che non è gastronomo è un

[14] Studio pubblicato nel numero del settembre 2009 della rivista «Nature».
[15] Nicolino, *Bidoche*.
[16] Cochet, *Pétrole apocalypse*, p. 66.
[17] Petrini, *Militants de la gastronomie*.

personaggio triste, ama ripetere Petrini. Il socialista Charles Fourier, precursore della decrescita, diceva già: «Si avranno dei buoni prodotti agricoli quando tutti i consumatori, ricchi o poveri, saranno conoscitori esigenti della qualità. È necessario che l'umanità diventi gastronoma prima di diventare agronoma».[18] Probabilmente un'alimentazione sana e gustosa è un buon modo di procedere sulla strada della decrescita, oltre che un mezzo per combattere l'obesità.[19]

Il progetto di una via europea originale, mediterranea ma anche celtica, germanica, slava o di altro tipo (di cui la bozza di Costituzione europea disgraziatamente non può essere considerata una tappa, ma piuttosto un antimodello e una cattiva cucina) è forse utopistico, ma probabilmente è necessario per il futuro dell'Occidente e del mondo. Comunque sia, soltanto rifacendosi al proprio passato premoderno e alla sua dieta ancestrale la vecchia Europa ha qualche chance di inventare una nuova identità e di partorire un futuro sostenibile. Come dice il pensatore catalano e indiano, e dunque ipermediterraneo, Raimon Panikkar: «È l'Europa che deve contribuire alla disoccidentalizzazione del mondo, e in alcuni casi sono gli europei che devono prenderne l'iniziativa nei confronti delle élite occidentalizzate di altri continenti che, come i nuovi ricchi, si mostrano più realisti del re. [...] L'Europa, forte della sua cultura e ormai consapevole dei suoi limiti, è meglio collocata per realizzare questa *metanoia* (regresso/rimpianto) di quelli che desiderano arrivare a godere degli stessi beni della civiltà europea».[20]

[18] Fourier, *La fausse industrie*, vol. 8, p. 38.
[19] Signalet, *L'alimentation*.
[20] Panikkar, *Méditation européenne après un demi-millénaire*, p. 50.

Parte quarta

Una via d'uscita

Il fatto che il declino possa essere prospero è una nuova idea entusiasmante che ormai si offre a tutti.

Howard ed Elisabeth Odum[1]

La catastrofe è la conclusione della tragedia, che nella maggioranza dei casi vede la morte o la punizione dell'eroe vittima della sua *hybris*, la sua dismisura. Ma la storia non necessariamente deve finire in dramma. L'eroe può uscire vittorioso, anche da una situazione difficile, se sa cogliere il *kairos*, il momento favorevole, nella casualità degli avvenimenti. Avendo dato ascolto al canto delle sirene del progresso, della crescita e dello sviluppo, ed essendosi inebriata della fede nell'onnipotenza di una tecnica prometeica, l'umanità si è cacciata in un vicolo cieco. Fortunatamente, esistevano ed esistono altre voci e altre vie. In fin dei conti l'umanità non è che un'astrazione; ci sono gli uomini, e tra essi gli interessi e le idee sono molto diversi e spesso opposti. Se è vero che la megamacchina tecnico-economica della società della crescita globalizzata dà l'impressione di essere un colosso monolitico (dai piedi d'argilla), che è riuscito a integrare, convincere e assimilare anche le sue vittime e i suoi avversari, la realtà è molto più complessa. Esistono dissidenze, resistenze, movimenti «antisistemici» che possono, in determinate circostanze, acquistare una forza decisiva e riorientare la

[1] Odum, *A Prosperous Way Down*, citato in Heinberg, *Pétrole, la fête est finie!*, p. 292.

storia in un altro senso. La crisi potrebbe essere uno di quei momenti favorevoli in cui diventa possibile un cambio di direzione verso un destino meno fatale, che spetta a noi scrivere.

8.

La decrescita è la soluzione alla crisi?[1]

> Prima o poi la decrescita è inevitabile, e saggezza vorrebbe che si puntasse a gestire la decrescita dei paesi industrializzati piuttosto che tentare il «rilancio» del motore della crescita con strumenti che portano alla disoccupazione, all'approfondimento del fossato tra i ricchi e i poveri del pianeta, ai rischi incalcolabili dell'utilizzazione dell'energia nucleare, insomma a una sorta di normalizzazione della crisi che confina, per la logica stessa del progresso tecnologico, con il disastro irrimediabile.
>
> Jacques Grinevald[2]

La crisi finalmente è arrivata! Quale crisi? Non la crisi sociale, né la crisi culturale, né la crisi etica, né la crisi ecologica: queste le subiamo da quel dì. C'è una crisi culturale dal maggio 1968, una crisi ecologica dal 1972, testimoniata dal primo rapporto al Club di Roma, una crisi sociale dal 1986, segnata dalla politica ultraliberale di Reagan e Thatcher. La nuova crisi è nata dall'esplosione della bolla finanziaria americana dei *subprimes* nell'estate del 2007. E ha scatenato una crisi mondiale, malgrado le affermazioni dei responsabili dell'oligarchia politico-economica, a partire dall'ottobre 2008, con il fallimento della Lehman Brothers, una delle più grandi banche statunitensi. In effetti, si tratta del prolungamento della crisi del sistema keynesiano-fordista, iniziata nel 1974 e i cui effetti sono stati ritardati di trent'anni grazie, tra l'altro, alla diabolica abilità del responsabile della Federal Reserve americana Alan Greenspan. A partire dagli anni settanta gli aumenti di produttività che hanno generato i

[1] Una prima versione di questo capitolo è stata pubblicata dalla rivista «Ecologie et politique», settembre 2001.

[2] Grinevald, prefazione a Georgescu-Roegen, *La décroissance* (1979), pp. 10-11.

Trenta Gloriosi si esauriscono. L'indebitamento mostruoso delle famiglie e degli stati permette di prolungare la crescita borsistica, favorendo lo sviluppo di bolle speculative e mantenendo in questo modo l'illusione dell'opulenza. Ma, per l'immensa maggioranza, i costi della crescita diventano già superiori ai vantaggi. Oggi tutte queste crisi si affollano e si cumulano, creando una situazione inedita. La crisi del «turbocapitalismo» è una crisi di civiltà. Che potrebbe offrirci l'opportunità di risolvere tutte le altre.

Quando sosteniamo che il crack finanziario scatenato dall'abuso di prodotti derivati, diventati titoli tossici, non è necessariamente una cattiva cosa, nel momento in cui provoca una crisi bancaria ed economica che rischia di essere lunga, profonda e forse mortale, è facile bollarci come provocatori. E tuttavia, per gli obiettori di crescita questa crisi è il segno premonitore della fine di un incubo.

Non vogliamo certo negare che la crisi è destinata a creare milioni di nuovi disoccupati e a provocare sofferenze per i diseredati del Nord e del Sud. Mentre il G20 di Londra, nella primavera del 2009, ha messo in scena la farsa di un simulacro di lotta contro i paradisi fiscali, passando singolarmente sotto silenzio gli scandali delle agenzie di rating e del privilegio abusivo del dollaro, i media non smettono un momento di predicare che i popoli del Sud soffriranno ancora più di noi e che i precari saranno le prime vittime dei trader folli. Il fatto che le banche e le autorità finanziarie e politiche, il buon Michel Camdessus in testa, siano le prime a mettere l'accento sulla minaccia di queste sofferenze dovrebbe farci porre delle domande. Sicuramente in questa sollecitudine dei grandi predatori e dei loro portavoce politici c'è una parte di propaganda destinata a convincerci della necessità di mettere mano alle tasche per dare respiro alle banche e alle istituzioni finanziarie, i cui responsabili si sono ingozzati a nostre spese di bonus, stock-option, pensioni regali e paracadute d'oro. È chiaro che, malgrado tutte le reboanti dichiarazioni sulla rifondazione del capitalismo e la sua moralizzazione, si tratta soprattutto, per i grandi del mondo, di far ripartire il sistema esattamente come era prima. La loro improvvisa compassione è più che sospetta. La reazione di Abdoulaye Wade, presidente del Senegal, ci sembra molto più sana. Interrogato dai media sulla crisi vista dall'Africa, è scoppiato in una grande risata. E ha detto che lui non deve arrovellarsi a trovare miliardi per salvare le banche africane per la buona ragione che non esistono banche africane...

«Che potrebbe succedere di meglio agli abitanti dei paesi poveri – osserva saggiamente Hervé-René Martin – se non vedere una riduzione del loro Pil? [...] L'aumento del loro Pil indica soltanto la moltiplicazione dell'emorragia. Più il Pil aumenta, più la natura viene distrutta, più gli uomini sono alienati, più i sistemi di solidarietà vengono smantellati, più le tecniche semplici ma efficaci e i saperi ancestrali vengono gettati nel dimenticatoio. Decrescere, per gli abitanti dei paesi poveri, significherebbe dunque preservare il loro patrimonio naturale, lasciare le fabbriche del sudore per ritornare all'agricoltura di sostentamento, all'artigianato e al piccolo commercio, riprendere in mano il loro destino comune».[3] In effetti, già abituati a vivere sfruttando l'arte di arrangiarsi, gli africani dell'economia informale non se la caveranno peggio. Ampiamente scollegati dal mercato mondiale, hanno imparato per necessità a essere relativamente autonomi e a mettere la loro sopravvivenza al sicuro dalle fluttuazioni della Borsa. Al congresso mondiale di Via Campesina a Maputo (Mozambico), nell'ottobre 2008, i rappresentanti dei contadini del Sud lo hanno confermato, sorprendendo i loro compagni del Nord. Per loro la crisi potrebbe addirittura rappresentare un'opportunità per liberarsi dalle

[3] Martin, *Eloge de la simplicité volontaire*, p. 190.

catene della dipendenza economica, se riuscissero a rompere quelle dell'immaginario. È la diagnosi per esempio di François Partant, banchiere pentito e uno dei precursori della decrescita. «Se scomparissero dall'oggi al domani tutte le conquiste della "civiltà" – scrive Partant – ne risulterebbe una completa disorganizzazione di un'economia che si "sottosviluppa" per la natura stessa della sua organizzazione attuale, come pure una disorganizzazione del potere che prospera sul sottosviluppo, ma non si avrebbe nessun effetto negativo per l'immensa maggioranza della popolazione, almeno nei paesi in cui questa è essenzialmente composta da contadini e disoccupati».[4] Una cosa è certa: gli africani non dovranno mettere mano alle tasche per rilanciare la loro industria automobilistica, per la semplice ragione che in Africa non c'è un'industria automobilistica esattamente come non ci sono le banche!

Bisogna capire in che modo la crisi economica e finanziaria può essere un'opportunità anche per noi al Nord, e come fare perché lo diventi, in modo da trasformare la stagnazione, o il regresso materiale, in un miglioramento della qualità della vita.

L'opportunità della crisi

Con il titolo provocatorio *Que la crise s'aggrave!* François Partant nel 1978 dava alle stampe un libro il cui messaggio è più che mai di attualità. Partant vedeva in una crisi profonda la sola possibilità di evitare l'autodistruzione dell'umanità. «Bisognerebbe – scriveva – che dovunque le società ex nazionali autogestissero la loro crisi, realizzandosi progressivamente nei rapporti che decidono di instaurare al loro interno e tra di esse».[5]

[4] Partant, *Que la crise s'aggrave!*, p. 166.
[5] *Ibid.*, pp. 179 e 193.

Negli anni novanta, quelli dell'euforia speculativa e finanziaria, i giornali titolavano spesso: l'economia (di volta in volta giapponese, inglese, canadese, americana...) va bene ma la gente sta male. Era la conseguenza della delocalizzazione, dello smantellamento dei programmi di protezione sociale e dei minimi garantiti, dell'aumento vertiginoso del precariato e della disoccupazione, insomma di una crescita i cui costi per la popolazione erano di gran lunga superiori ai vantaggi. Si può dunque pensare all'inverso che se l'economia va male le persone potrebbero stare meglio...

Le cose però non sono così semplici. Di fronte alla crisi, gli obiettori di crescita si trovano in una situazione doppiamente paradossale. Da una parte, nel 2008, dopo due trimestri di crescita vicina allo zero nella maggioranza dei paesi Ocse, non era raro sentir dire o leggere nella stampa: «La decrescita c'è già».[6] Ma era andare un po' troppo in fretta. In primo luogo, ancora non si era di fronte a una crescita negativa generalizzata. La crescita certo era debole, ma non bisogna dimenticare che, con un Pil di 1000 miliardi di euro, l'1 per cento di crescita significa comunque 10 miliardi di euro, cioè il 10 per cento di crescita di un paese con un Pil soltanto di 100 miliardi di euro (ordine di grandezza del Pil dei paesi del Sud). Come dire: 10 miliardi di prelievo delle risorse naturali, di rifiuti e di inquinamento in più; 10 miliardi in più di deregolazione climatica e di estinzione delle specie. Ancora troppo per la rigenerazione della biosfera.

Ma, soprattutto, la decrescita *scelta* non è la stessa cosa della decrescita *subita*. Il progetto di una società della decrescita è radicalmente diverso dalla *crescita negativa* che conosciamo oggi. Il primo è paragonabile a una cura di austerità iniziata volontariamente per aumentare il pro-

[6] Si veda per esempio Pierre-Antoine Delhommais in «Le Monde», 23-24 novembre 2008.

prio benessere quando l'iperconsumo fa nascere la minaccia dell'obesità. La seconda è la dieta forzata che può portare alla morte di inedia. Lo abbiamo detto e ripetuto: non c'è niente di peggio di una società della crescita senza crescita. Sappiamo che il semplice rallentamento della crescita sprofonda le nostre società nello sgomento per la disoccupazione, l'aumento del divario tra ricchi e poveri, le minacce al potere d'acquisto dei più deboli e l'abbandono delle politiche sociali, sanitarie, educative, culturali e ambientali che assicurano un minimo di qualità della vita. Si può immaginare quale catastrofe significherebbe un tasso di crescita negativo! Un simile regresso sociale e civile è in agguato se non cambiamo strada. Non abbiamo affatto abbandonato la società della crescita, siamo soltanto passati da una società della crescita *con* crescita a una società della crescita *senza* crescita. Ed è vero, come diceva André Gorz già nel 1974, che «questo regresso della crescita e della produzione, che in un altro sistema avrebbe potuto essere un bene (meno automobili, meno rumore, più aria pulita, giornate lavorative più corte ecc.) avrà effetti completamente negativi: i prodotti inquinanti diventeranno beni di lusso, inaccessibili alla massa, ma rimarranno alla portata dei privilegiati; le disuguaglianze aumenteranno; i poveri diventeranno relativamente più poveri e i ricchi più ricchi». «I partigiani della crescita – aggiungeva Gorz – su un punto hanno ragione: nel quadro della società attuale e del modo di consumo attuale, fondato sulla disuguaglianza, il privilegio e la ricerca del profitto, la non-crescita o la crescita negativa possono significare soltanto stagnazione, disoccupazione, aumento del divario che separa ricchi e poveri».[7]

È per questo che è necessario cambiare sistema. Se il livello di vita americano non è negoziabile, siamo condannati all'ecofascismo di cui George F. Kennan, ambascia-

[7] Gorz, *Leur écologie et la nôtre*.

tore statunitense a Mosca ai tempi della guerra fredda, aveva già dato cinicamente la formula: «Noi possediamo il 50 per cento delle ricchezze del mondo, ma solo il 6,3 per cento della popolazione. In una situazione del genere, la nostra vera missione per gli anni a venire è di creare una trama di relazioni che ci permetta di mantenere questo rapporto di disparità. Per fare questo, dobbiamo sbarazzarci di tutti i buoni sentimenti [...]. Dobbiamo smettere di preoccuparci dei diritti dell'uomo, del miglioramento del livello di vita e della democratizzazione».[8] Oggi la strada che stiamo seguendo è questa. Una società della crescita *senza* crescita porta inevitabilmente alla barbarie.

Resta il fatto però che la crisi può essere una buona notizia, se servirà a farci uscire dalla nostra schizofrenia, offrendoci l'opportunità di rompere con la religione della crescita. La schizofrenia dei capi di stato che dimenticano disinvoltamente gli impegni presi sulla limitazione delle emissioni di CO_2 o sull'uso di pesticidi per rilanciare i settori responsabili dei peggiori inquinamenti – l'industria automobilistica e l'immobiliare – e rafforzare il sostegno all'agricoltura produttivista. E anche la schizofrenia della sinistra socialdemocratica, comunista, trozkista e altro, che si è lasciata intrappolare nel compromesso keynesiano-fordista. Tutta la sinistra si è fatta sedurre dal mito della torta che cresce indefinitamente. Avendo indicizzato la solidarietà sulla crescita, la sinistra ha scelto di collaborare alla sua realizzazione, e cioè con l'accumulazione capitalistica.[9] Questa soluzione mitica ci dice che è possibile aumentare le parti di tutti con il minimo

[8] Citato in Heinberg, *Pétrole, la fête est finie!*, p. 316.

[9] Il mito della torta fa comodo sia ai democratici cristiani che ai socialdemocratici. Jean Boissannat, giornalista di «La Croix», vede nei Trenta Gloriosi la coniugazione «della crescita economica e della giustizia sociale». L'enciclica di Benedetto XVI *Caritas in veritate* (giugno 2009) è quasi interamente fondata sui benefici dello sviluppo e della crescita ben intesi. Si veda de Ravignan, *L'économie à l'épreuve de l'Evangile*, p. 158.

dei costi, invece di doversi battere accanitamente per dividersi una torta di dimensioni sempre uguali. Senza economia della crescita, senza società dei consumi, non ci sarebbe socialdemocrazia. Il movimento socialista sarebbe stato condannato a fare la rivoluzione per strappare il proletariato alla miseria, e comunque a imporre una diversa ripartizione della ricchezza. La crescita è quello che rende il capitalismo sopportabile. Ha permesso ai paesi occidentali di scongiurare la rivoluzione senza affrontare il problema di fondo della ripartizione e della giustizia. In questo modo anche il progetto *redistributivo* del comunismo originario si è dissolto nel consumismo. È vero che il volume della torta è cresciuto considerevolmente, ma questa crescita sempre più tossica è avvenuta a spese del pianeta, delle generazioni future e del Terzo Mondo.

Questo «socialismo ridotto al consumo della dote», come sono stati definiti i Trenta Gloriosi, non funziona più tanto bene dagli anni settanta: la torta stenta ad aumentare e i benefici marginali della crescita sono inferiori ai suoi costi. Gli alti funzionari del capitale più o meno lo hanno capito, e si sono affrettati ad aumentare sostanzialmente (dal 5 al 10 per cento del Pil), grazie al gioco d'azzardo mondiale, la loro parte della torta prima che il blocco diventi totale. Con il capitalismo azionario e finanziario degli anni ottanta, si è assistito all'esplosione delle remunerazioni dirette e indirette (stipendi, gettoni di presenza, dividendi, bonus, stock option) degli *stockholders* (i proprietari del capitale) a detrimento degli *stakeholders* (gli attori dell'impresa).[10]

Intossicata dai suoi successivi arretramenti, la sinistra «responsabile» non può fare altro che rifugiarsi in un liberalsocialismo *miserabilista*. Si è parlato molto del famoso *trickle-down effect* (effetto di ricaduta), illustrato dal-

[10] Si veda su questo punto Lordon, *La crise de trop*, in particolare cap. 4, *Le paradoxe de la part salariale*.

la metafora della marea crescente. Quando la marea sale, solleva tutte le barche, quelle piccole come quelle grandi. La crescita della produzione va a vantaggio di tutti, certo dei padroni, ma anche dei salariati. Ma in tempi di burrasca, le onde sollevano le barche grandi e fanno affondare le piccole... La diffusione a tutti dei benefici della crescita, l'effetto di ricaduta, a quel punto si degrada in «effetto clessidra». Le ricadute passano per una strettoia sempre più sottile. E siccome ci sono ricchi sempre più ricchi, c'è bisogno anche di sempre più lavamacchine, camerieri di ristorante, fattorini per le consegne a domicilio, personale di pulizie e guardie private per proteggersi dai poveri sempre più numerosi. È il socialismo ridotto in briciole... La crescita dei Trenta Gloriosi era stata trainata dalle esportazioni, quella dei «trenta pietosi» che hanno seguito si è potuta bene o male mantenere grazie al genio malefico di Alan Greenspan, alla proliferazione finanziaria (titolarizzazione, prodotti derivati, mercati a termine) e all'indebitamento mostruoso delle famiglie e degli stati. I crediti Ninja (No Income, No Job, No Assets [«Nessun reddito, Nessun lavoro, Nessuna garanzia»]) hanno pienamente meritato il loro nome, quello delle tartarughe assassine dei cartoni animati giapponesi. E hanno finito per intossicare tutta la sfera finanziaria.

Oggi la festa è finita; i margini di manovra non ci sono più. La torta non può più crescere. Soprattutto – e lo sappiamo da tempo, anche se ci rifiutiamo di ammetterlo – *non deve più crescere*. La sola possibilità di sfuggire alla pauperizzazione, al Nord come al Sud, consiste nel ritornare ai fondamentali del socialismo, questa volta però senza dimenticare la natura: dividere la torta in modo equo. Nel 1848 la torta era più piccola di trenta-cinquanta volte, e tuttavia Marx, ma anche Stuart Mill, pensavano già che il problema, quanto meno per i paesi europei e in particolare per l'Inghilterra, non stava nelle sue dimensioni ma nella sua ripartizione ingiusta. Dal momento che, aumentando di volume, la torta è diventata sempre più tossica – con un tasso di crescita della frustrazione, secondo la formula di Illich, che supera ampiamente quello della produzione – è assolutamente necessario modificare la ricetta.

La torta diventa tossica per due ragioni: da una parte aumenta inquinando e distruggendo il nostro ecosistema, e dall'altra aumenta a spese dei milioni di piccole torte che le persone producevano localmente con i propri mezzi. Era l'economia vernacolare o di sussistenza, non presa in considerazione nel calcolo del Pil e che la crescita elimina, facendo crescere il ben-avere statistico a spese del ben-essere vissuto. «E queste persone – sottolinea Majid Rahnema – a causa della produzione della grande torta, vengono private dei mezzi per cuocere le loro piccole torte».[11] Saggezza vorrebbe che si inventassero belle torte, di dimensioni ragionevoli, fatte con prodotti biologici, in modo che i nostri figli e i nostri nipoti possano continuare a cuocerle e a dividerle equamente. Probabilmente le fette non saranno tanto grandi da farci diventare obesi, ma ognuno avrà una parte sufficiente, e per di più forse si godrà una dose di gioia. In altre parole, la crisi ci offre l'opportunità di costruire una società ecosocialista più giusta e più democratica, una società di abbondanza frugale, fondata sull'autolimitazione dei bisogni. È questo il programma della decrescita, l'unica *ricetta* per uscire positivamente e in modo duraturo dalla crisi di civiltà che viviamo.

Cambiare il software. Una pista per il futuro

Sfortunatamente, né la crisi economica e finanziaria, né la fine del petrolio coincidono di necessità con la fine del capitalismo, e nemmeno con quella della società della

[11] Rahnema e Robert, *La puissance des pauvres*, p. 12.

crescita. La decrescita è concepibile soltanto in una «società della decrescita», cioè all'interno di un sistema basato su una logica diversa. L'alternativa è dunque: decrescita o barbarie! L'economia capitalistica potrà continuare a funzionare anche in una situazione di grande scarsità delle risorse naturali, di deregolazione climatica, di crollo della biodiversità ecc. È la parte di verità che sostengono i partigiani dello sviluppo sostenibile, della crescita verde, di un New Deal ecologico e del capitalismo dell'immateriale. Le imprese (almeno alcune) potrebbero continuare a crescere e ad aumentare il loro volume d'affari e i loro profitti, mentre le carestie, le pandemie e le guerre stermineerebbero i nove decimi dell'umanità. Le risorse, sempre più scarse, aumenterebbero di valore in misura più che proporzionale rispetto alla loro diminuzione quantitativa a causa della rigidità della domanda. La scarsità del petrolio non nuoce alle imprese petrolifere, anzi al contrario. Se lo stesso non vale per la pesca, è perché esistono dei prodotti sostitutivi del pesce, il cui prezzo, in un mercato basato sulla concorrenza, non può aumentare in proporzione alla sua scarsità. In una economia di penuria, il consumo diminuirebbe quantitativamente mentre il suo valore continuerebbe ad aumentare. Il capitalismo ritroverebbe la logica delle sue origini: crescere a spese della società. Certo, il sistema potrebbe mantenersi soltanto imponendo una dittatura terribile e un controllo totale sulle popolazioni sopravvissute.

Abbiamo visto nel primo capitolo come almeno a partire dal 1750, con la nascita del capitalismo e dell'economia politica, l'Occidente sogni la crescita infinita. Per un secolo questo sogno si è realizzato soltanto per le imprese industriali inglesi. Bisogna rivisitare la storia occidentale e, soprattutto, demistificare la grande favola della crescita. In realtà, la crescita tanto magnificata del capitalismo delle origini è un mito. Certo c'è stato un arricchimento colossale della borghesia, ma che si è realizzato a spese della società: la crescita si è nutrita della distruzione dell'artigianato e dei contadini inglesi, e ancora di più indiani. Globalmente, la massa di valore d'uso, o la produzione materiale, in questo periodo con tutta probabilità non è cresciuta di molto, malgrado gli inauditi sconvolgimenti avvenuti. Le statistiche ci ingannano, perché registrano soltanto la crescita mercantile, senza tenere conto delle enormi distruzioni subite dalla sfera vernacolare. Alcuni storici, come Eric Hobsbawm, lo riconoscono, ma questo non basta a mettere in discussione lo schema generale di un mitico arricchimento della «società». Non possiamo ignorare che il primo secolo del capitalismo è stato uno dei periodi più oscuri della storia dell'umanità. Romanzieri come Dickens, Balzac e Zola hanno descritto l'incredibile miseria del proletariato europeo che Marx ed Engels analizzavano sul piano scientifico. Ma noi ci ostiniamo a negare questa realtà del nostro passato.

Attorno al 1850, prendendo la via «termoindustriale», secondo l'espressione di Jacques Grinevald,[12] l'Occidente è riuscito finalmente a realizzare il proprio desiderio di sposare la ragione geometrica. Questa volta, la massa globale della produzione è aumentata in misura considerevole a spese del patrimonio naturale. L'attuale crescita cinese ci offre un nuovo esempio di questa tendenza. Secondo il viceministro cinese dell'ambiente, il costo di distruzione annuale dell'ecosistema si può valutare al 10-12 per cento del Pil, cioè a un tasso identico a quello della crescita! Tuttavia, fino all'invenzione geniale della società dei consumi, questa economia della crescita si scontrava con i limiti del consumo e conosceva crisi periodiche. Più o meno ogni dieci anni, una grande depressione metteva sul lastrico milioni di lavoratori, in attesa dell'inizio di un nuovo periodo di relativa prosperità.

[12] Grinevald, *La biosphère de l'Anthropocène*.

Per passare dall'attuale recessione a una società di decrescita conviviale, bisogna rinunciare alla religione della crescita ed evitare la trappola del «mito della torta».

Abbiamo visto che per l'Africa la crisi è una buona notizia. La nostra situazione sarebbe veramente diversa se riuscissimo a liberarci della tossicodipendenza da consumo e da lavoro e a recuperare la nostra autonomia? Che nella società moderna l'ipercrescita non crea felicità è stato ampiamente dimostrato. E abbiamo visto anche che la New Economics Foundation, incrociando i risultati delle indagini sul sentimento di ben-essere vissuto, le aspettative di vita e l'impronta ecologica, calcola un *happy planet index* (indice di felicità) che stabilisce una classifica dei paesi quasi opposta a quella determinata in base al Pil pro capite. Nel 2006 si sono piazzate in testa il Vanuatu, la Colombia e la Costa Rica, mentre la Francia era al 131° posto e gli Stati Uniti al 150°.[13] In fin dei conti è abbastanza semplice capire perché la nostra ricchezza ci impoverisce. Una società fondata sull'avidità e la competizione produce necessariamente una massa enorme di «perdenti» assoluti (gli emarginati) e relativi (i rassegnati), e dunque di frustrati, accanto a un piccolo gruppo di predatori sempre più ansiosi di consolidare la loro posizione o di rafforzarla. Quando l'economia è in crisi, non è forse vero che la società potrebbe stare meglio se diminuisse la sua produzione di antidepressivi e se i predatori perdessero un po' della loro superbia?

Pur non trattandosi dell'avvio di una decrescita liberamente scelta, le guerre mondiali e le separazioni forzate delle società del Sud dal mercato planetario ci forniscono esempi di «prosperità decrescente». Questo vale in particolare per l'America Latina e l'Africa. Il Brasile, l'Argentina e qualche altro paese della regione hanno conosciuto un periodo di relativo benessere negli anni 1930-50, pe-

[13] Retico, *Felicità*. Vedi anche www.happyplanetindex.org.

riodo in seguito teorizzato con la definizione *import substitution*. La rottura dei circuiti commerciali condannava quei paesi a un'autonomia che risultò benefica per le popolazioni. Sebbene il fenomeno non sia stato altrettanto studiato, lo stesso è avvenuto in Africa durante la seconda guerra mondiale. Il progetto di *self-reliance* (contare sulle proprie forze) del presidente Julius Nyerere dopo l'indipendenza della Tanzania intendeva ripercorrere volontariamente quella strada di autarchia forzata.

La società di sobrietà liberamente scelta proposta dal movimento degli obiettori di crescita vorrà dire lavorare meno per vivere meglio, consumare meno ma meglio, produrre meno rifiuti, riciclare di più: insomma, inventare la propria felicità nella convivialità piuttosto che nell'accumulazione frenetica. Tutto questo implica una profonda decolonizzazione dei nostri immaginari, e le circostanze possono aiutarci in questo compito.

Il periodo che viviamo oggi può essere l'occasione per la diffusione di tutta una serie di iniziative di decrescita e solidali: Amap, Sel (Systèmes d'échanges locaux), orti comuni, autorisanamento delle case, autoproduzione assistita o accompagnata (orti, cucina...) secondo l'esperienza del Pades (Programme autoproduction et développement social).[14] Il movimento delle Città di Transizione, nato in Irlanda (a Kinsale, vicino a Cork) e che si sta diffondendo in Inghilterra, è forse la forma di costruzione dal basso che più si avvicina a una società urbana della decrescita. Queste città, secondo il programma della rete, puntano in primo luogo all'autosufficienza energetica, in previsione della fine delle fonti di energia fossile, e più in generale alla *resilienza*.[15] Il programma delle città sostenibili «postcarbone» negli Stati Uniti, o quello dei nuovi comuni, dei comuni virtuosi o delle città lente in Italia, vanno

[14] Si veda Cérézuelle, *Autoproduction pour se reconstruire*.
[15] Hopkins, *The Transition Handbook*.

nello stesso senso. Due istituzioni umane ricorrono attraverso le vicissitudini della storia e testimoniano di una straordinaria resilienza: una rurale, il piccolo podere contadino familiare autosufficiente analizzato da Alexander Chayanov, e l'altra urbana, l'officina artigiana. Nicholas Georgescu-Roegen vedeva il futuro dell'umanità nello sviluppo di piccole comunità rurali. Il progetto politico della decrescita che noi proponiamo riserva invece un ampio spazio ai «decrescenti» delle città accanto ai «decrescenti» delle campagne. È questo il senso dell'utopia concreta della decrescita e dei dieci punti del suo programma *elettorale*.

Non entreremo qui nei dettagli di questo programma, già analizzati altrove. Per gli obiettori di crescita, essendo esclusa un'uscita dalla crisi attraverso il consumo e dunque la crescita, si impone una massiccia riconversione. D'altra parte, una riduzione sostanziale del tempo di lavoro imposto è una condizione necessaria per uscire da una società lavorista della crescita, e nello stesso tempo costituisce un fattore fondamentale del cambiamento orientato a garantire a tutti un lavoro soddisfacente, nella prospettiva (per la Francia) della necessaria riduzione di due terzi del prelievo di risorse naturali.

Nella situazione attuale (crisi finanziaria ed economica), l'obiettivo di riappropriarsi del denaro, che appariva in forma generale nel progetto iniziale della decrescita, diventa una priorità esplicita. È necessario, come abbiamo sempre ribadito, riappropriarsi progressivamente della moneta e non lasciarla più esclusivamente nelle mani delle banche. La moneta deve servire e non asservire. Bisogna pensare a inventare una vera e propria politica monetaria locale. I flussi monetari dovrebbero rimanere il più possibile ancorati al livello regionale per mantenere il potere d'acquisto degli abitanti, e anche le decisioni economiche dovrebbero essere prese il più possibile allo stesso livello. Parola di esperto (Bernard Lietaer, uno degli inventori dell'euro): «Incoraggiare lo sviluppo locale e regionale conservando al tempo stesso il monopolio della moneta nazionale è come tentare di disintossicare un alcolizzato col gin».[16] Sviluppare monete alternative, locali, bioregionali, specifiche (come i buoni pasto), complementari (con formule diverse da sperimentare e adattare: credito mutualistico di rotazione, tasso di interesse negativo ecc.) è una componente di questa riappropriazione della moneta, ma costituisce al tempo stesso una potente leva per rilocalizzare, cioè per riappropriarsi del proprio territorio di vita e riabitare il mondo,[17] in contrasto con il non-suolo, i non-luoghi e il fuori-tempo del produttivismo globalizzato. Se un comune versa ai disoccupati un salario in moneta locale (convertibile per esempio in buoni pasto, buoni trasporto o buoni alloggio) in cambio di lavori di interesse collettivo, inietta un potere d'acquisto, che a sua volta può essere utilizzato per acquistare prodotti locali dell'agricoltura, dell'artigianato o dei servizi (per esempio alla persona). È vero che in questo modo si produce una *crescita* locale, ma che però è benefica in quanto non punta all'accumulazione illimitata ma soltanto al soddisfacimento dei bisogni locali essenziali, all'interno di una società ormai uscita dall'orbita della crescita.

La difficoltà principale della realizzazione di questo programma sta nel fatto che la crescita economica, arricchendoci materialmente, ci ha molto impoveriti umanamente. Abbiamo perduto quella capacità di cavarcela da soli che era la forza dei poveri, e ancor più le solidarietà su cui potevano contare i membri delle società tradizionali.[18] Dobbiamo imparare di nuovo a essere autonomi e

[16] Lietaer, *Des monnaies pour les communautés et les régions biogéographiques*, p. 76.

[17] Lietaer e Kennedy, *Monnaies régionales*. Si veda anche il film *La double face de la monnaie*, di Vincent Gaillard e Jérôme Polidor, Tina Films / La Mare aux Canards, 2006.

[18] Rahnema e Robert, *La puissance des pauvres*.

fare di tutto perché la recessione non diventi l'anticamera del caos o di un odioso ecofascismo, ma al contrario una tappa verso la decrescita serena e conviviale. Per questo abbiamo bisogno di inventare un altro modo di rapportarci al mondo, alla natura, alle cose e alle persone.

Conclusione

Il Tao della decrescita[1]

> Il signor Lebezjatnikov, che segue le idee moderne, alcuni giorni fa ha spiegato che ai nostri tempi la compassione è proibita perfino dalla scienza, e che in Inghilterra, dove c'è l'economia politica, si fa già così.
>
> Fëdor Dostoevskij[2]

> È ricco colui che sa di possedere abbastanza.
>
> Lao Tse

Cantami, o diva, la via della decrescita!

La via è il Tao di Lao Tse, è il *do* dello zen giapponese, ma è anche il *dharma* degli indù e l'*ethos* di Aristotele. È al tempo stesso di più e di meno dell'etica così come la intendiamo in Occidente. È una strada da inventare con l'aiuto di un maestro che forse non esiste. La via della decrescita è il ritorno della saggezza, e la saggezza non coincide con la ragione razionale. Ma cos'è la saggezza? Forse è lo «sragionamento». «Chi può vivere senza follia non è saggio quanto crede», diceva La Rochefoucauld. La via della decrescita dunque è anche follia. D'altronde, i farisei non dicono forse: «Sono pazzi questi decrescenti»?

La via della decrescita è un'apertura, un invito a trovare un altro mondo possibile. Questo altro mondo noi lo chiamiamo società della decrescita. L'invito è a viverci, qui e ora, e non in un ipotetico futuro che, per quanto desiderabile, forse non vedremo mai. Questo altro mondo dunque sta anche in quello in cui viviamo oggi. Sta

[1] Una prima versione di questo testo è stata pubblicata in italiano come prefazione al libro dell'amico Christoph Baker *Ama la terra come te stesso*, Emi, Bologna 2008. Una seconda versione, più vicina alla forma di questa conclusione, è apparsa in forma di articolo: *Brèves notes pour un éthos de la décroissance*, in «Entropia», n. 6, primavera 2009.

[2] Dostoevskij, *Delitto e castigo*, p. 19.

anche in noi. La via è anche uno sguardo, un altro sguardo sul nostro mondo, un altro sguardo su di noi.

La via non è assicurata. Forse anche il passaggio a Nord-Ovest per raggiungere il mondo dei sogni esiste soltanto in sogno. Ma la ricerca della via non è già la via? È possibile che alcuni, seguendo un maestro, l'abbiano già trovata? Forse, ma come saperlo? Chi sono i maestri? Gandhi, Thoreau, Dewey, Tolstoj, Illich, Ellul, Castoriadis, Gorz? È certo che tutti questi personaggi, e altri ancora, hanno cercato la via. Hanno proceduto sulla via della via. Hanno aperto la via alla via della decrescita. Ma tutti hanno anche detto che ciascuno deve trovare la sua via.

La via della decrescita è dunque prima di tutto una scelta. La decrescita *scelta* non è la decrescita *subita*. La via della decrescita è la via della semplicità volontaria? È *anche* la semplicità volontaria, ma non si esaurisce nell'etica della sobrietà. La via della decrescita è la rivoluzione economica e sociale? È *anche* la rivoluzione economica e sociale, ma non si riduce all'etica della resistenza, della rivolta e dell'insubordinazione.

La via della decrescita è la strada della felicità? La via della decrescita è, in ogni caso, una via d'uscita dall'enorme decadenza generata dalla società della crescita. Una via d'uscita per recuperare la stima di se stessi. È la via per ricostruire una società decente. Una società decente, dice il saggio, è una società che non umilia i suoi membri. È una società che non produce rifiuti. La via della decrescita è anche la *common decency* di George Orwell. La decenza comune significa avere ritegno, essere attenti, essere capaci di avere vergogna per quello che viene fatto al mondo e alle persone. «Essere svergognati – dice Bernard Stiegler – significa essere diventati incapaci di *avere* vergogna».[3] La società della crescita è un mondo svergognato, un mondo in cui regna il disprezzo.

[3] Stiegler, *L'époque du psychopouvoir*, p. 59.

E il desiderio di sfuggire al disprezzo è una aspirazione universale (forse la sola veramente universale) che si realizza soltanto nelle società decenti. L'assenza di ritegno, la mancanza di attenzione equivalgono all'assenza della decenza comune definita da Orwell. Un mondo decente forse non è un mondo di abbondanza materiale, ma è un mondo senza miserabili e senza brutture.

La decrescita coincide con la lotta per la dignità degli zapatisti, con la «dignità ribelle». «La dignità – si legge nella dichiarazione zapatista del 27 febbraio 2001 – è un ponte. Ha bisogno di due lati opposti che, essendo diversi, distinti e distanti, diventano *uno* grazie al ponte, senza cessare di essere diversi e distinti, ma cessando di essere distanti. [...] La dignità esige che noi siamo noi stessi. Ma la dignità non vuol dire soltanto essere se stessi. La dignità esiste soltanto se esiste l'altro. Perché noi siamo noi stessi soltanto in rapporto all'altro. E l'altro è altro in rapporto a noi. Dunque la dignità è uno sguardo. Uno sguardo su noi stessi che guarda anche l'altro, che a sua volta si guarda e ci guarda. La dignità dunque è riconoscimento e rispetto. Riconoscimento di quello che siamo e rispetto di quello che siamo, sì, ma anche riconoscimento di quello che è l'altro e rispetto di quello che è l'altro. [...] Dunque, la dignità ancora non c'è. Ma sta per essere realizzata. La dignità è la lotta perché la dignità coincida con il mondo. Un mondo dove hanno posto tutti i mondi».[4]

Quando diciamo che la decrescita è un progetto politico, intendiamo che è anche un'etica, perché per noi, come per Aristotele, la politica non è concepibile senza un'etica, e viceversa, anche se è opportuno non confondere i due piani. Una politica che fosse soltanto un'etica sarebbe impotente o terroristica, ma una politica senza etica (come quella che viviamo soprattutto a partire dalla svolta degli

[4] Citato in Baschet, *La rébellion zapatiste*, pp. 136-38.

anni novanta, dal grande balzo all'indietro neoliberale) vede il trionfo della banalità del male.

L'etica della decrescita unisce disciplina personale e impegno nel mondo. Il ritiro dal mondo e la sola ricerca della perfezione individuale sono una forma di rifiuto dell'essere, come lo è l'impegno nel mondo senza la preoccupazione per la propria felicità. La militanza fine a se stessa è l'immagine speculare della guerra economica. Entrambe sono un rifiuto dell'essere. In nome del progresso, distruggono la bellezza del mondo per inseguire la loro chimera. La fuga nel futuro, che sia l'avvenire radioso dell'utopia comunista o la redenzione in una transumanità, è una negazione del presente e della condizione umana. La decrescita sarà gioiosa o non sarà.

La via della decrescita non è né il rifiuto né l'accettazione del mondo. È sia il suo rifiuto sia la sua accettazione. Bisogna rifiutare il mondo (l'immondo) dell'economia della crescita e accettare la vita come gioia, secondo la formula di William Morris.[5] La decrescita è un'accettazione dell'essere, e dunque dell'essere nel mondo, e una testimonianza di gratitudine per il dono ricevuto della bellezza del cosmo. Il fatto di aver ricevuto questo dono forse è stato troppo trascurato, non soltanto dal puritanesimo rivoluzionario, ma anche dalla tradizione caritatevole cristiana. È vero che per quest'ultima la natura è il dono primario. Non è sicuramente né la matrigna avara degli economisti né la prostituta di Bacon, che bisogna asservire aggredendola. Ma, a differenza di quanto avviene nelle tradizioni induista o buddhista, nella tradizione cristiana la natura, creata per servire l'uomo, non partecipa della sua umanità. In Occidente la visione *cosmoteandrica* di un san Francesco d'Assisi è rimasta marginale. Il cattolicesimo continua a muoversi su questa linea, come dimostra l'atteggiamento riservato, se non aperta-

[5] Morris, *News from Nowhere*, p. 443 («to accept life itself as a pleasure»).

mente ostile, nei confronti degli adepti dell'undicesimo comandamento: «Rispetta la natura in quanto creazione divina».[6] E l'antireligione marxista non è molto diversa.

Lo spirito del dono o della gratuità peraltro non è assente nella natura stessa, a credere alle belle analisi del grande zoologo Adolf Portmann.[7] Questa «naturalizzazione» del dono permette di includere la natura stessa nel ciclo della reciprocità, come nelle culture animiste. La via della decrescita è ecocentrica, ma è anche antropocentrica. Senza cadere in un integralismo ecocentrico, si può concepire un compromesso ragionevole: l'uomo come «pastore dell'essere», in una concezione che, seguendo Vittorio Lanternari, può essere definita «ecoantropocentrica».[8] Testimoniare la compassione anche nei riguardi delle altre specie non è estraneo alla via della decrescita. In questo gli obiettori di crescita percorrono gli stessi sentieri dei popoli autoctoni, in particolare di quelli che venerano la Pachamama. La via della decrescita è quella del buon giardiniere, non quella del predatore. Il mito tecnico e prometeico di un'artificializzazione dell'universo è una forma di rifiuto del mondo e dell'essere.[9]

La via della decrescita è anche quella dell'emancipazione e della conquista dell'autonomia. È la ricerca della libertà vera e non della sua caricatura, quella dell'edonismo sfrenato e senza regole proposta dalla pubblicità e dal marketing e promossa dal nuovo spirito del capitalismo, falsamente gioioso e di fatto mortifero. Come dice Dany-Robert Dufour: «Io parlo di un vero progetto di autonomia, così come inteso dalla filosofia fin dalle ori-

[6] Sull'Eleventh Commandment Fellowship (Società dell'Undicesimo Comandamento), creata dal teologo Paul F. Knitter, si veda Lanternari, *Ecoantropologia*. Non è un caso che Knitter sia anche un adepto del «relativismo religioso» e del dialogo interculturale, e che per questa ragione sia attaccato dai teocon, che hanno il vento in poppa dall'avvento al papato del cardinale Ratzinger.

[7] Fatte conoscere nel Mauss da Dewitte, *La manifestation de soi*.

[8] Vedi Lanternari, *Ecoantropologia*.

[9] Vedi la bella tesi di Narboni, *Sull'incuria della cosa*.

gini. Un programma straordinariamente esigente, il cui scopo è di tentare di arrivare a pensare con la propria testa. Veramente senza dio». Sostituire l'oppio del consumo sfrenato con l'*otium*, cioè con la «scuola». «Perché la scuola è la *scholè*. La *scholè* dei greci indica un "altrove" libero da ogni preoccupazione di sopravvivenza, di lavoro e di mercato, riservato al tempo libero attivo, in cui il giovane individuo impara una sola cosa: padroneggiare le proprie passioni». «Perché la scuola, dalle sue origini, ha un unico scopo: permettere ai nuovi venuti di controllare le loro passioni». «Voglio dire che non ci può essere un rapporto con il sapere senza un rapporto con "sapere se stessi"! È necessario che il soggetto si costruisca attraverso il controllo fecondo delle proprie passioni, il che è esattamente quello che la vita attuale di membri di un gregge egogregario impedisce!»[10] La via della decrescita è un'uscita di emergenza dal vicolo cieco dell'*immondializzazione*.

La via della decrescita è una scuola. È la *paideia* (l'educazione-iniziazione-formazione, non formattazione) di Platone e di Castoriadis. Ma la degenerazione della democrazia mercantile ha portato alla corruzione dell'istituzione educativa. La via della crescita è un esilio. È la traversata del deserto verso la terra promessa, ma è anche un'oasi nel deserto della crescita. «La rivoluzione – ammonisce Jérôme Baschet – non ha senso se non si concepisce al tempo stesso come una festa, se si priva di quelle occasioni così importanti come un ballo o uno scoppio di risa. [...] È vano voler combattere l'alienazione in forme alienate. [...] Bisogna ammettere l'impossibilità di condurre una vera lotta per l'umanità senza cominciare a percepire nel processo stesso di questa lotta la verità dell'umanità alla quale si aspira, senza riconoscere il diritto al piacere e la necessità di una poesia che non è altro che

[10] Dufour, *Le Divin Marché*, pp. 114, 189, 187, 195.

il nome dato a un'esistenza veramente degna dell'uomo».[11] L'accettazione dell'essere non è una sottomissione all'esistente. Nella resistenza al consumismo, complice della banalità del male economico, l'obiettore di crescita trova la gioia di vivere.

La via della decrescita è non violenta? Non è la via della violenza cieca, perché dalla violenza nasce solo violenza. Ma, anche se corroso dalla ruggine, il corsetto di ferro della modernità con tutta probabilità non si spezzerà da solo. Noi siamo i ribelli, i franchi tiratori della società della crescita. Siamo in agguato nella giungla delle imprese multinazionali. Siamo, alla nostra maniera, combattenti della quarta guerra mondiale contro l'ordine neoliberale.[12] «Ma anche supponendo che scorra del sangue – scrive Henry David Thoreau, considerato uno degli apostoli della non-violenza –non c'è forse una forma di spargimento di sangue quando viene ferita la coscienza?»[13]

Noi siamo anche l'oasi nel deserto della società di mercato.

Quando diciamo che esiste un altro mondo e che è in questo, intendiamo che si può e si deve vivere diversamente il presente. Noi cogliamo la possibilità di una fuoriuscita dall'economia, di una via di scampo verso una società e una civiltà emancipate e autonome. La via della decrescita è un'utopia, una visione immaginaria del futuro: non una pura creazione mentale, ma un'affermazione a partire dalla negatività del presente, dall'aberrazione di una società della crescita senza limiti. Ispirarsi a nuovi ideali ha già un suo peso sulla realtà di oggi, permettendo tra l'altro di esplorare le possibilità oggettive della loro realizzazione.

La decrescita è un'arte di vivere. Un'arte di vivere bene, in accordo con il mondo. L'obiettore di crescita è an-

[11] Baschet, *La rébellion zapatiste*, pp. 153-54.
[12] Marcos, *La quatrième guerre mondiale a commencé*.
[13] Thoreau, *La désobéissance civile*, p. 29.

che un artista. Qualcuno per il quale il godimento estetico è una parte importante della sua gioia di vivere. L'etica della decrescita implica necessariamente un'estetica della decrescita. E tuttavia, l'etica della decrescita non si riduce a un'estetica. Fare della propria vita un'opera d'arte non è l'obiettivo, ma uno dei risultati.

La via della decrescita è un'ascesi. Limitandosi all'aspetto curativo e alla lotta contro la tossicodipendenza da consumismo, si può riprendere l'idea di Ivan Illich del «tecnodigiuno». La decrescita è un esercizio di emancipazione dalle protesi tecniche, una liberazione dalla servitù volontaria e un allenamento all'autonomia.

La via della decrescita è una conversione di se stessi e degli altri. La conversione richiesta per realizzare la trasformazione sociale necessaria e desiderabile presuppone che si crei un atteggiamento di accoglienza e di apertura a questo cambiamento. Questa educazione è, al tempo stesso e indissolubilmente, sapere ed etica, resistenza e dissidenza.

La via della decrescita non è né moderna né antimoderna. Noi inscriviamo pienamente il nostro progetto nel solco dell'illuminismo, o piuttosto della sua parte migliore, quella dell'emancipazione dell'umanità e della realizzazione di una società autonoma. Ma il progetto dei Lumi conteneva una terribile ambivalenza: se da una parte puntava a liberare l'uomo dalla soggezione alla trascendenza, alla tradizione e alla rivelazione, numi tutelari dell'Ancien Régime, dall'altra uno dei mezzi per realizzare quel progetto era il controllo razionale della natura attraverso l'economia e la tecnica. In questo modo, la società moderna è diventata la società più eteronoma della storia dell'umanità, sottomessa alla dittatura dei mercati finanziari e alla mano invisibile dell'economia, oltre che alle leggi della tecnoscienza. L'artificializzazione del mondo finisce per compromettere l'identità stessa dell'essere umano. La realizzazione del progetto di autonomia attraverso la fuga in avanti tecnoscientifica porta al transumanesimo. Oltrepassando le barriere biologiche che ci limitano, ci si vorrebbe emancipare dagli ostacoli legati al nostro condizionamento genetico. Un progetto del genere si basa sulla visione pessimista della natura umana propria della tradizione agostiniana, fondata sull'idea dell'animalità dell'uomo. Con la fuga in avanti tecnoscientifica ci viene proposta una vera e propria redenzione tecnicistica. Ma, al tempo stesso, questo rifiuto della condizione umana è un'abdicazione e una sottomissione al diktat del risultato tecnico a tutti i costi. «L'affermazione dell'autonomia individuale – riconosce Marcel Gauchet – è andata e va rigorosamente di pari passo con un aumento dell'eteronomia collettiva».[14] La volontà di potenza è rivelata dal rifiuto del dibattito democratico sulla ricerca scientifica e tecnica.

L'emancipazione attraverso la tecnoscienza è una falsa emancipazione, ci mette in contrasto con la madre terra e rivela un rifiuto della realtà. La «negazione del suolo» che produce sradica l'uomo fino al punto di manipolare il suo corpo, di creare una minaccia forse mortale per la sua integrità e di farlo sparire nella transumanità vagheggiata dal bricolage delle nanotecnologie. Per questo il ritorno al locale ha un ruolo primario nel progetto della decrescita, in quanto ci lega alla madre terra contrapponendosi alla negazione della realtà insita nella crescita. La via della decrescita è riconquista della realtà e della terra che ne è il principio. Si tratta di abitare la terra come un territorio, un luogo di complicità e di reciprocità. Di ritrovare la nostra intimità con una dimensione originaria. «Oggi una linea di orizzonte tecnica – scrive in modo ispirato Xavier Bonnaud – separa l'uomo dalla fauna e dalla flora. Questi elementi che l'uomo ha allontanato, indebolito e canalizzato non producono più in lui quelle relazioni affettive profon-

[14] Gauchet, *La démocratie contre elle-même*, p. 18.

de che derivavano da un contatto diretto». E continua: «L'organico, il vegetale, l'animale sono massicciamente sostituiti dal meccanico, dall'elettronico, dal numerico e dal robotico». E ancora: «Una parte di noi si dibatte nel ricordo frustrato di un'intimità a contatto con gli alberi, gli animali, la campagna, la natura. Immagini ancestrali abitano ancora in noi e ricompaiono ciclicamente».[15] Di fronte a questa minaccia di estensione del deserto, noi tentiamo di inventare vie di resistenza alla desolazione.

La via della decrescita è quella della libera critica. È quella dell'autolimitazione e non dello scatenamento senza freni delle passioni tristi. La decrescita vuole riprendere il programma di emancipazione politica della modernità, affrontando le difficoltà che comporta la sua realizzazione. L'esperienza autenticamente democratica instaura un'esperienza di trascendenza dell'uomo nell'uomo che permette di uscire dalle aporie dell'egualitarismo. Come dice il filosofo belga Robert Legros: «Riconoscere una limitazione dei poteri dell'uomo che non sia una autolimitazione, significa chiaramente ammettere una eteronomia al centro dell'autonomia. Interpretare questa limitazione come una norma inscritta nell'umanità dell'uomo, e non come una norma di origine religiosa, significa tentare di cogliere il senso di una eteronomia propriamente democratica».[16] Se la decrescita e il progetto di costruzione di una società autonoma realizzano il sogno di emancipazione dei Lumi e della modernità, non lo fanno attraverso uno svincolamento dal legame con la natura e dal radicamento nella storia, ma al contrario riconoscendo la doppia eredità della nostra naturalità e della nostra storicità. Bisogna lottare contro l'illimitatezza dell'individuo e del suo rapporto con la natura che abbiamo preteso di creare. La via della decrescita è questa lotta.

[15] Bonnaud, *De la ville au technocosme*, pp. 47, 57, 103.
[16] Legros, *Castoriadis et la question de l'autonomie*, p. 150.

La via della decrescita è una emancipazione dalla religione della crescita. Richiede dunque necessariamente anche un «de-credere». Bisogna abolire la fede nell'economia, rinunciare al rituale del consumo e al culto del denaro.[17] Per i teologi Alex Zanotelli, don Achille Rossi, don Luigi Ciotti e Raimon Panikkar, come per Ivan Illich o Jacques Ellul, la società della crescita poggia su una struttura di peccato. Contrariamente alla formula sventurata dell'enciclica *Populorum progressio*, lo sviluppo non è il nuovo nome della pace ma quello della guerra, guerra per il petrolio o per le risorse naturali in via di esaurimento. Nella società della crescita non ci sarà mai più né pace né giustizia. Al contrario, una società della decrescita riporterà al proprio centro la pace e la giustizia. Non si vuole cadere nell'illusione di una mitica società perfetta in cui il male sarebbe sradicato definitivamente, ma inventare una società dinamica che affronta le sue inevitabili imperfezioni e contraddizioni dandosi come orizzonte il bene comune anziché l'avidità sfrenata. La via della decrescita non è una religione né un'antireligione, è una saggezza.

Per gli obiettori di crescita la ricerca della via è un dovere, ma non è un imperativo categorico di tipo kantiano, anche se noi facciamo nostro l'imperativo kantiano così come riformulato da Hans Jonas: «Agisci in modo che gli effetti della tua azione siano compatibili con la permanenza di una vita autenticamente umana sulla terra».[18]

[17] Si veda il mio articolo *Le veau d'or est vainqueur de Dieu*.

[18] Jonas, *Le principe responsabilité*, pp. 30-31. Il principio di responsabilità di Jonas è parte integrante dell'etica della decrescita.

Bibliografia

Altamura Alberto, *«Mare monstrum». Dalla «guerra per le risorse» alla «risorsa guerra»: il futuro del Mediterraneo*, in *Mediterraneo. Scuola e incontro tra culture*, atti del seminario internazionale di studi del Consiglio d'Europa (Ercolano, 10-13 novembre 2003), a cura di Ubaldo Grimaldi e Piero De Luca, Ministero dell'Istruzione, dell'Università e della Ricerca, Roma 2005. Anche in «Le passioni di sinistra», n. 8, gennaio-aprile 2005.

Amiech Matthieu e Mattern Julien, *Le cauchemar de Don Quichotte. Sur l'impuissance de la jeunesse d'aujourd'hui*, Climats, Paris 2004.

Anders Günther, *Le temps de la fin*, L'Herne, Paris 2007 [trad. it. *Il mondo dopo l'uomo. Tecnica e violenza*, a cura di Lisa Pizzighella, Mimesis, Milano 2008].

Araud Christian, *Modéliser le monde, prévoir le future*, in «Entropia. Revue théorique et politique de la décroissance», n. 4, 2008.

Aubertin Catherine, *Johannesburg. Retour au réalisme commercial*, in «Ecologie et politique», n. 26, 2002.

Bachofen Blaise, Elbaz Sion e Poirier Nicolas (a cura di), *Cornelius Castoriadis. Réinventer l'autonomie*, Le Sandre, Paris 2008.

Baker Christoph, *Ama la terra come te stesso*, prefazione di Serge Latouche, Emi, Bologna 2008.

Barber Benjamin, *Comment le capitalisme nous infantilise* [2007], Fayard, Paris 2007 [trad. it. *Consumati. Da cittadini a clienti*, Einaudi, Torino 2010].

Baschet Jérôme, *La rébellion zapatiste. Insurrection indienne et résistance planétaire* [2002], Flammarion, Paris 2005 [trad. it. *La scintilla zapatista. Insurrezione indigena e resistenza planetaria*, Eleuthera, Milano 2004].

Baudrillard Jean, *La société de consommation*, Denoël, Paris 1970 [trad. it. *La società dei consumi. I suoi miti e le sue strutture*, Il Mulino, Bologna 1976].

Becchetti Leonardo, *Oltre l'homo oeconomicus. Felicità, responsabilità, economia delle relazioni*, Città Nuova, Roma 2009.

Belloncle Guy, *La question paysanne en Afrique*, Karthala, Paris 1982.

Belpomme Dominique, *Ces maladies crées par l'homme*, Albin Michel, Paris 2004.

Bernays Edward, *Propaganda*, Liveright, New York 1928 [trad. it. *Propaganda. Della manipolazione dell'opinione pubblica in democrazia*, Lupetti, Roma 2008].

Berthoud Arnaud, *La richesse et ses deux types*, in «La Revue du Mauss», n. 21, 1° semestre 2003.

– *Une philosophie de la consommation. Agent économique et sujet moral*, Presses universitaires du Septentrion, Villeneuve-d'Ascq 2005.

Berthoud Gérald, *Un anti-économiste nommé Polanyi*, in «Bulletin du Mauss», n. 18, 1986.

Besset Jean-Paul, *Faire face à l'agression climatique*, in «Le Monde», 2 agosto 2003.

Blanc Jérôme, *Exclusion et liens financiers. Monnaies sociales*, rapporto 2005-2006, Economica, Paris.

Bonnaud Xavier, *De la ville au technocosme. Le meilleur des mondes?*, L'Atalante, Nantes 2008.

Bonora Paola, *È il mercato bellezza! Deregolazione, sprawl, abuso di suolo, immobiliarismo di ventura: una crisi annunciata di postmoderna immoralità*, in AA. VV., *Le frontiere della geografia*, Utet, Torino 2009.

Bontempelli Massimo e Badiale Marino, *Marx e la decrescita. Perché la decrescita ha bisogno del pensiero di Marx*, Abiblio, Trieste 2010.

Bookchin Murray, *Municipalismo libertario perché* [1999], in «Rivista anarchica online».

Bosquet Michel (André Gorz), *Ecologie et politique*, Galilée, Paris 1975 [trad. it. *Ecologia e politica*, Cappelli, Bologna 1978].

Bruni Luigino, *La ferita dell'altro. Economia e relazioni umane*, Il Margine, Trento 2007.

Cacciari Paolo, *Decrescita o barbarie*, Carta / Intra Moenia, Napoli 2008.

Caillé Alain, *Théorie anti-utilitariste de l'action. Fragments d'une sociologie générale*, La Découverte, Paris 2009 [trad. it. *Critica dell'uomo economico. Per una teoria anti-utilitarista dell'azione*, a cura di Francesco Fistetti, Il Melangolo, Genova 2009].

Calame Pierre, *Essai sur l'œconomie*, Mayer, Paris 2009.

Camus Albert, *L'exil d'Hélène* [1948], in Id., *L'été*, Gallimard, Paris 1959 [trad. it. *L'esilio di Elena*, in Id., *L'estate e altri saggi solari*, Bompiani, Milano 2003].

Carson Rachel, *Silent Spring*, Houghton Mifflin, Boston (Mass.) 1962 [trad. it. *Primavera silenziosa*, Feltrinelli, Milano 1976].

Cassano Franco, *Il pensiero meridiano*, Laterza, Roma-Bari 1996.

- Zolo Danilo (a cura di), *L'alternativa mediterranea*, Feltrinelli, Milano 2007.

Castoriadis Cornelius, *Technique*, in *Encyclopedia universalis*, vol. 15, Paris 1973; quindi in Id., *Les carrefours du labyrinthe I*, Seuil, Paris 1978 [trad. it. *Gli incroci del labirinto*, Hopefulmonster, Firenze 1988].

- *La société bureaucratique*, vol. 2, *La révolution contre la bureaucratie*, Uge, Paris 1974 [trad. it. *La società burocratica*, vol. 2, *La rivoluzione contro la burocrazia*, SugarCo, Milano 1979].
- *L'institution imaginaire de la société*, Seuil, Paris 1975 [trad. it. *L'istituzione immaginaria della società*, Bollati Boringhieri, Torino 1995].
- *Réflexions sur le «développement» et la «rationalité»*, in Candido Mendes (a cura di), *Le mythe du développement*, Seuil, Paris 1977.
- *Capitalisme moderne et révolution*, vol. 2, *Le mouvement révolutionnaire sous le capitalisme moderne*, Uge, Paris 1979.
- *La montée de l'insignifiance. Les carrefours du labyrinthe IV*, Seuil, Paris 1996.
- *La démocratie. Débat avec le Mauss*, in «La Revue du Mauss», n. 14, 2° semestre 1999.
- *Une société à la dérive*, Seuil, Paris 2005.
- *Démocratie et relativisme. Entretiens avec le Mauss*, Mille et une nuits, Paris 2010 [trad. it. *Relativismo e democrazia. Conversazioni con il Mauss*, Eleuthera, Milano 2010].
- Cohn-Bendit Daniel, *De l'écologie à l'autonomie*, Seuil, Paris 1981.

Cattedra Raffaele, *L'invenzione del Mediterraneo. Territori e culture nelle reti di un mare alla ricerca di un progetto comune*, in *Mediterraneo. Scuola e incontro tra culture*, atti del seminario internazionale di studi del Consiglio d'Europa (Ercolano, 10-13 novembre 2003), a cura di Ubaldo Grimaldi e Piero De Luca, Ministero dell'Istruzione, dell'Università e della Ricerca, Roma 2005.

Cembranos Fernando e altri (Ecologistas en Acción), *Educación y ecología. El currículum oculto antiecológico de los libros de texto*, Popular, Madrid 2007.

Cérézuelle Daniel, *Autoproduire pour se reconstruire*, in «Silence», n. 360, settembre 2008.

Chanial Philippe, *Une foi commune. Démocratie, don et éducation chez John Dewey*, in «La Revue du Mauss», n. 28, 2° semestre 2006.

- *La délicate essence du socialisme. L'association, l'individu et la République*, Le Bord de l'Eau, Latresne 2009.

Clément Gilles, *Toujours la vie invente. Réflexions d'un écologiste humaniste*, L'Aube, Paris 2007.

- Jones Louisa, *Une écologie humaniste*, Aubanel, Genève 2006.

Club di Roma, *vedi* Meadows Dennis.

Cochet Yves, *Pétrole apocalypse*, Fayard, Paris 2005.

- *Antimanuel d'écologie*, Bréal, Paris 2009.

Coméliau Christian (a cura di), *Brouillons pour l'avenir. Contributions au débat sur les alternatives*, in «Nouveaux cahiers de l'Iued», n. 14, giugno 2003.

Coppola Pasquale, *Il Mediterraneo. Scenari geopolitici di una frontiera mobile*, in *Mediterraneo. Scuola e incontro tra culture*, atti del seminario internazionale di studi del Consiglio d'Europa (Ercolano, 10-13 novembre 2003), a cura di Ubaldo Grimaldi e Piero De Luca, Ministero dell'Istruzione, dell'Università e della Ricerca, Roma 2005.

D'Agostino Guido, *Viaggio attorno al Mediterraneo*, in *Mediterraneo. Scuola e incontro tra culture*, atti del seminario internazionale di studi del Consiglio d'Europa (Ercolano, 10-13 novembre 2003), a cura di Ubaldo Grimaldi e Piero De Luca, Ministero dell'Istruzione, dell'Università e della Ricerca, Roma 2005.

Dahl Gudrun e Megerssa Gemtchu, *The Spiral of Ram's Horn. Boran Concepts of Development*, in Majid Rahnema e Victoria Bawtree, *The Post-Development Reader*, Zed Books, London 1997.

Dardenne Martine e Trussart Georges (a cura di), *Penser et agir avec Illich. Balises pour l'après-développement*, Couleur Livres, Bruxelles 2005.

Decrop Geneviève, *Redonner ses chances à l'utopie*, in «Utopia» (Lyon), n. 1, 2006.

Descola Philippe, *Par-delà nature et culture*, Gallimard, Paris 2005.

Dewitte Jacques, *La manifestation de soi. Eléments d'une critique philosophique de l'utilitarisme*, La Découverte, Paris 2010.

Diamond Jared, *Collapse. How Societies Chose to Fail or Succeed*, Allen Lane, London 2005 [trad. it. *Collasso. Come le società scelgono di morire o vivere*, Einaudi, Torino 2007].

Dostoevskij Fëdor, *Delitto e castigo* [1866], Einaudi tascabili, Torino 2005.

Dufour Dany-Robert, *Le Divin Marché. La révolution culturelle libérale*, Denoël, Paris 2007.

Dumont René, *A vous de choisir: l'écologie ou la mort*, Pauvert, Paris 1974 [trad. it. *L'utopia o la morte*, Laterza, Bari 1974].

Dumouchel Paul e Dupuy Jean-Pierre, *L'enfer des choses*, Seuil, Paris 1979.

Dupont Yves e altri (a cura di), *Dictionnaire des risques*, Armand Colin, Paris 2007.

Dupuy Jean-Pierre, *Pour un catastrophisme éclairé. Quand l'impossible est certain*, Seuil, Paris 2002.

– *Ivan Illich ou la bonne nouvelle*, in «Le Monde», 27 dicembre 2002.

– *Retour de Tchernobyl. Journal d'un homme en colère*, Seuil, Paris 2006.

– Robert Jean, *La trahison de l'opulence*, Puf, Paris 1976.

Ecologistas en Acción, *vedi* Cembranos Fernando.

Ellul Jacques, *Les successeurs de Marx*, La Table Ronde, Paris 2007.

– *Ellul par lui-même. Entretiens avec Willem H. Vanderburg*, La Table Ronde, Paris 2008.

Esteva Gustavo, *Celebration of zapatismo*, Multiversity and Citizens International, Penang 2004.
– Prakash Madhu Suri, *Grassroots Postmodernism. Remaking the Soil of Cultures*, Zed Books, London - New York 1998.
Fedeli Paolo, *La natura violata. Ecologia e mondo romano*, Sellerio, Palermo 1990.
Flahault François, *Pourquoi limiter l'expansion du capitalisme?*, Descartes, Paris 2003.
Fotopoulos Takis, *Vers une démocratie générale. Une démocratie directe, économique, écologique et sociale*, Seuil, Paris 2001.
Fourier Charles, *La fausse industrie* [1833], in Id., *Œuvres complètes*, voll. 8-9, Anthropos, Paris 1967.
Friedman Yona, *L'architecture de survie. Où s'invente aujourd'hui le monde de demain*, Casterman, Bruxelles 1978 [trad. it. *L'architettura di sopravvivenza. Una filosofia della povertà*, Bollati Boringhieri, Torino 2009].
Gadrey Jean, *Le bonheur sur mesure*, in «Philosophie magazine», n. 14, novembre 2007.
– Jany-Catrice Florence, *Les nouveaux indicateurs de richesse*, La Découverte, Paris 2005 [trad. it. *No Pil! Contro la dittatura della ricchezza*, Castelvecchi, Roma 2005].
García Ernest, *Medio ambiente y sociedad*, Alianza, Madrid 2005.
Gauchet Marcel, *La démocratie contre elle-même*, Gallimard, Paris 2002 [trad. it. *La democrazia contro se stessa*, Città aperta, Troina 2005].
– *La condition politique*, Gallimard, Paris 2005.
Georgescu-Roegen Nicholas, *La décroissance. Entropie, écologie, économie*, Favre, Paris 1979; nuova ed. Sang de la Terre, Paris 2006.
Godbout Jacques T., *Ce qui circule entre nous. Donner, recevoir, vendre*, Seuil, Paris 2007 [trad. it. *Quello che circola tra noi. Dare, ricevere, ricambiare*, Vita e Pensiero, Milano 2008].
Gorz André, *Leur écologie et la nôtre* [1974], in Id., *Ecologie et politique*, Galilée, Paris 1975; quindi in «Le Monde diplomatique», aprile 2010.
– *Capitalisme, socialisme, écologie*, Galilée, Paris 1991 [trad. it. *Capitalismo, socialismo, ecologia. Orientamenti, disorientamenti*, ManifestoLibri, Roma 1992].
– *Crise mondiale, décroissance et sortie du capitalisme*, in «Entropia. Revue théorique et politique de la décroissance », n. 2, 1° semestre 2007.
– *Vedi anche* Bosquet Michel.
Granstedt Ingmar, *Du chômage à l'autonomie conviviale* [1982], A plus d'un titre, Lyon 2008.
Grimaldi Ubaldo, *Cadmos cerca Europa*, in *Mediterraneo. Scuola e incontro tra culture*, atti del seminario internazionale di studi del Consiglio d'Europa (Ercolano, 10-13 novembre 2003), a cura di Ubaldo Grimaldi e Piero De Luca, Ministero dell'Istruzione, dell'Università e della Ricerca, Roma 2005.

Grinevald Jacques, *Histoire d'un mot. Sur l'origine de l'emploi du mot décroissance*, in «Entropia. Revue théorique et politique de la décroissance», n. 1, 2006.

– *La biosphère de l'Anthropocène. Climat et pétrole, la double menace. Repères transdisciplinaires (1924-2007)*, Gorg, Genève 2007.

Heinberg Richard, *Pétrole, la fête est finie! Avenir des sociétés industrielles après le pic pétrolier* [2003], Demi-Lune, Paris 2008 [trad. it. *La festa è finita. La scomparsa del petrolio, le nuove guerre, il futuro dell'energia*, Fazi, Roma 2004].

Hoogendijk Willem, *The Economic Revolution. Towards a Sustainable Future by Freeing the Economy from Money-Making*, International Books, Utrecht 1991-92.

Hopkins Rob, *The Transition Handbook. From Oil Dependency to Local Resilience*, Green Books, Totnes 2008 [trad. it. *Manuale pratico della transizione. Dalla dipendenza dal petrolio alla forza delle comunità locali*, Arianna, Bologna 2009].

Hulot Nicolas, *Pour un pacte écologique*, Calmann-Lévy, Paris 2006 [trad. it. *Per un patto ecologico*, Aliberti, Reggio Emilia 2008].

Illich Ivan, *Libérer l'avenir* [1971], in Id. *Œuvres complètes*, vol. 1, Fayard, Paris 2004 [trad. it. *Rovesciare le istituzioni. Un messaggio o una sfida?*, Armando, Roma 1973].

– *La convivialité* [1973], Seuil, Paris 1973 [trad. it. *La convivialità. Una proposta libertaria per una politica dei limiti allo sviluppo*, Boroli, Milano 2005].

– *Le chômage créateur*, Seuil, Paris 1977 [trad. it. *Disoccupazione creativa*, Boroli, Milano 2005].

– *Energie et équité*, Seuil, Paris 1977 [trad. it. *Energia ed equità*, in Id., *Per una storia dei bisogni*, Mondadori, Milano 1981].

– *L'histoire des besoins* [1978], in Id., *La perte des sens*, Fayard, Paris 2004 [trad. it. *Per una storia dei bisogni*, Mondadori, Milano 1981].

– *Le genre vernaculaire* [1982], Seuil, Paris 1982 [trad. it. *Il genere e il sesso*, Mondadori, Milano 1984].

– *La perte des sens*, Fayard, Paris 2004 [trad. it. *La perdita dei sensi*, Libreria editrice fiorentina, Firenze 2009].

– *Œuvres complètes*, 2 voll., Fayard, Paris 2004-05.

– Cayley David, *La corruption du meilleur engendre le pire* [2004], Actes Sud, Arles 2007 [trad. it. *Pervertimento del cristianesimo. Conversazioni con David Cayley su vangelo, chiesa, modernità*, Verbarium-Quodlibet, Macerata 2008].

Jacquard Albert, *L'équation du nénuphar*, Calmann-Lévy, Paris 1998 [trad. it. *L'equazione della ninfea. I numeri, le scienze e altre inconfessabili perversioni*, Piemme, Milano 1999].

Jacquiau Christian, *Les coulisses du commerce équitable*, Mille et une nuits, Paris 2006.

Jonas Hans, *Le principe responsabilité. Une éthique pour la civilisation technologique* [1979], Cerf, Paris 1990 [trad. it. *Il principio responsabilità. Un'etica per la civiltà tecnologica*, Einaudi, Torino 2009].

Jouvenel Bertrand de, *Arcadie. Essai sur le mieux-vivre*, Sedeis, Paris 1968.

Kempf Hervé, *Comment les riches détruisent la planète*, Seuil, Paris 2007 [trad. it. *Perché i megaricchi stanno distruggendo il pianeta*, Garzanti, Milano 2008].

– *Pour sauver la planète, sortez du capitalisme*, Seuil, Paris 2009 [trad. it. *Per salvare il pianeta dobbiamo farla finita con il capitalismo*, Garzanti, Milano 2010].

Klein Naomi, *La stratégie du choc. La montée d'un capitalisme du désastre* [2007], Actes Sud, Arles 2008 [trad. it. *Shock economy. L'ascesa del capitalismo dei disastri*, Rizzoli, Milano 2008].

La Capria Raffaele, *La mosca nella bottiglia. Elogio del senso comune*, Rizzoli, Milano 1996.

Lanternari Vittorio, *Ecoantropologia. Dall'ingerenza ecologica alla svolta etico-culturale*, Dedalo, Bari 2003.

Latouche Serge, *L'autre Afrique. Entre don et marché*, Albin Michel, Paris 1998 [trad. it. *L'altra Africa. Tra dono e mercato*, Bollati Boringhieri, Torino 2000].

– *La Mégamachine. Raison technoscientifique, raison économique et mythe du progrès*, La Découverte, Paris 1995 [trad. it. *La megamacchina*, Bollati Boringhieri, Torino 1995].

– *Justice sans limites*, Fayard, Paris 2003 [trad. it. *Giustizia senza limiti. La sfida dell'etica in una economia globalizzata*, Bollati Boringhieri, Torino 2003].

– *Survivre au développement. De la décolonisation de l'imaginaire économique à la construction d'une société alternative*, Mille et une nuits, Paris 2004 [trad. it. *Come sopravvivere allo sviluppo*, Bollati Boringhieri, Torino 2005].

– *L'invention de l'économie*, Albin Michel, Paris 2005 [trad. it. *L'invenzione dell'economia*, Bollati Boringhieri, Torino 2010].

– *Le pari de la décroissance*, Fayard, Paris 2006 [trad. it. *La scommessa della decrescita*, Feltrinelli, Milano 2007].

– *Le veau d'or est vainqueur de Dieu. Essai sur la religion de l'économie*, in «La Revue du Mauss», n. 27, 1° semestre 2006.

Leakey Richard e Levin Roger, *The Sixth Extinction. Patterns of Life and the Future of Humankind*, Doubleday, New York 1995 [trad. it. *La sesta estinzione. La complessità della vita e il futuro dell'uomo*, Bollati Boringhieri, Torino 1998].

Lebeau André, *L'engrenage de la technique. Essai sur une menace planétaire*, Gallimard, Paris 2005.

Le Goff Alice, *Care, empathie et justice*, in «La Revue du Mauss», n. 33, 1° semestre 2009.

Legros Robert, *Castoriadis et la question de l'autonomie*, in Blaise Bachofen, Elbaz Sion e Nicolas Poirier (a cura di), *Cornelius Castoriadis. Réinventer l'autonomie*, Le Sandre, Paris 2008.

Legros Bernard e Deplanque Jean-Noël, *L'enseignement face à l'urgence écologique*, prefazione di Serge Latouche, Aden, Bruxelles 2009.

Le Lay, Patrick, *Les dirigeants face au changement*, Le Huitième Jour, Paris 2004.

Lepage Corinne, *Ecologie. La révolution ou la mort*, in «Le Monde», 15 agosto 2003.

Lietaer Bernard, *Des monnaies pour les communautés et les régions biogéographiques. Un outil décisif pour la redynamisation régionale au XXIe siècle*, in Jérôme Blanc (a cura di), *Exclusion et liens financiers. Monnaies sociales*, rapporto 2005-06, Economica, Paris.

– Kennedy Margrit, *Monnaies régionales. De nouvelles voies vers une prospérité durable*, Mayer, Paris 2008.

Lipietz Alain, *Peut-on faire l'économie de l'environnement?*, in «Cosmopolitiques», n. 13, luglio 2006.

Lordon Frédéric, *La crise de trop*, Fayard, Paris 2009.

– *L'urgence du contre-choc*, in «Le Monde diplomatique», marzo 2010.

Lourau René, *L'analyseur Lip*, Uge, Paris 1974.

Lovelock James, *The Revenge of Gaia. Earth's Climate Crisis and the Fate of Humanity*, Allen Lane, London 2006 [trad..it. *La rivolta di Gaia*, Rizzoli, Milano 2006].

Magnaghi Alberto, *Il progetto locale. Verso la coscienza di luogo,* Bollati Boringhieri, Torino 2000, nuova ed. accr. 2010.

Marcos (subcomandante), *La quatrième guerre mondiale a commencé*, in «Le Monde diplomatique», agosto 1997.

– *Saisons de la digne rage*, presentazione di Jérôme Baschet, Climats, Paris 2009.

Martin Hervé-René, *Eloge de la simplicité volontaire*, Flammarion, Paris 2007.

– Cavazza Claire, *Nous réconcilier avec la terre,* Flammarion, Paris 2009.

Mauss Marcel, *Appréciation sociologique du bolchevisme*, in «Revue de métaphysique et de morale», 31, 1, 1924 [trad. it. *Apprezzamento sociologico del bolscevismo*, in Id., *I fondamenti dell'antropologia storica*, Einaudi, Torino 1998].

Meadows Dennis e altri, *The Limits to Growth. A Report for the Club of Rome's Project on the Predicament of Mankind*, Universe Books, New York 1972 [trad. it. *I limiti dello sviluppo. Rapporto per il progetto del Club di Roma sui dilemmi dell'umanità*, Est Mondadori, Milano 1972].

– *Beyond the Limits. Confronting Global Collapse, Envisioning a Sustainable Future*, Chelsea Green, Post Mills (Vermont) 1992 [trad. it. *Oltre i limiti dello sviluppo*, Il Saggiatore, Milano 1993].
– *The Limits to Growth. The 30-Year Update*, Chelsea Green, White River Junction (Vermont) 2004 [trad. it. *I nuovi limiti dello sviluppo. La salute del pianeta nel terzo millennio*, Mondadori, Milano 2006].
Means Russell, *Toujours la même rengaine. Le marxisme et l'Occident vus par un chef indien*, in «La Revue du Mauss», n. 7, 1° semestre 1990.
Mendes Candido (a cura di), *Le mythe du développement*, Seuil, Paris 1977.
Mens Yann, *Si proches, si loin*..., in «Alternatives internationales», n. 20 (*Méditerranée. Quand l'Europe oublie son Sud*), gennaio 2005.
Michaelis Anthony R., *Pourquoi avons-nous besoin d'une organisation internationale de secours?*, in «Impact. Science et société», n. 1 (*Les forces violentes de la nature. Comment la science peut contribuer à les dompter*), Unesco, Paris 1982.
Millennium Ecosystem Assessment, *Living beyond Our Means. Natural Assets and Human Well-being*, http://www.maweb.org/documents/document.429.aspx.pdf.
Morin Edgar, *Porto Alegre. L'Internationale citoyenne en gestation*, in «Libération», 5 febbraio 2001.
Morris William, *Nouvelles de nulle part / News from Nowhere*, ed. bilingue, Aubier, Paris 2004 [trad. it. *Notizie da nessun luogo*, Guida, Napoli 1978].
Naess Arne, *Ecologie, communauté et style de vie* [1971], Mf, Paris 2008 [trad. it. *Ecosofia. Ecologia, società e stili di vita*, Red / Studio redazionale, Milano 1974].
Napoleoni Claudio, *Cercare ancora. Lettera sulla laicità e ultimi scritti*, Editori Riuniti, Roma 1990.
Narboni Camilla, *Sull'incuria della cosa. Considerazioni filosofiche sui rifiuti e sul mondo saccheggiato*, tesi di laurea, Università di Pavia 2006.
Nicolino Fabrice, *Bidoche. L'industrie de la viande menace le monde*, LLL, Paris 2009.
Nordmann Charlotte, *La fabrique de l'impuissance*, vol. 2, *L'école, entre domination et émancipation*, Amsterdam, Paris 2008.
Odum Howard ed Elisabeth, *A Prosperous Way Down. Principles and Policies*, University Press of Colorado, Boulder 2001.
Olivier de Sardan Jean-Pierre, *L'économie morale de la corruption en Afrique*, in «Politique africaine», n. 63, ottobre 1996.
Pannikar Raimon, *Méditation européenne après un demi-millénaire*, in *1492-1992. Conquête et Evangile en Amérique Latine: questions pour l'Europe aujourd'hui*, atti del colloquio dell'Università cattolica di Lione, Profac, Lyon 1992.
Partant François, *Que la crise s'aggrave!* [1978], prefazione di José Bové, Parangon, Lyon 2002.

Pepicelli Renata, *Le relazioni tra riva nord e riva sud nel partenariato euromediterraneo*, in *Mediterraneo. Scuola e incontro tra culture*, atti del seminario internazionale di studi del Consiglio d'Europa (Ercolano, 10-13 novembre 2003), a cura di Ubaldo Grimaldi e Piero De Luca, Ministero dell'Istruzione, dell'Università e della Ricerca, Roma 2005.

Petrini Carlo, *Militants de la gastronomie*, in «Le Monde diplomatique», luglio 2006.

Piaget Charles, *Lip, les effets formateurs d'une lutte collective*, in «Entropia. Revue théorique et politique de la décroissance», n. 2, primavera 2007.

Poirier Nicolas, *Castoriadis, l'imaginaire radical*, Puf, Paris 2004.

Rahnema Majid, *Quand la misère chasse la pauvreté*, Fayard / Actes Sud, Paris / Arles 2003 [trad. it. *Quando la povertà diventa miseria*, Einaudi, Torino 2005].

– Robert Jean, *La puissance des pauvres*, Actes Sud, Arles 2008.

Ramade François, *Le Grand Massacre. L'avenir des espèces vivantes*, Hachette Littératures, Paris 1999.

Ravaioli Carla, *Ambiente e pace. Una sola rivoluzione: disarmare l'Europa per salvare il futuro*, Punto rosso, Milano 2008.

Ravignan François de, *L'économie à l'épreuve de l'Evangile* [1992], A plus d'un titre, Lyon 2008.

Rees Martin, *Our Final Century. A Scientist's Warning*, Heinemann, London 2003 [trad. it. *Il secolo finale. Perché l'umanità rischia di autodistruggersi nei prossimi cento anni*, Mondadori, Milano 2005].

Renault Michel, *L'appréhension communicationnelle des relations sociales d'échanges. Le cas de la vente directe de produits agricoles*, in Hiroko Amemiya (a cura di), *L'agriculture participative. Dynamiques bretonnes de la vente directe*, Presses universitaires de Rennes, Rennes 2007.

Retico Alessandra, *Felicità. I nuovi paradisi non conoscono il Pil*, in «La Repubblica», 8 luglio 2009.

Rist Gilbert, *L'économie ordinaire entre songes et mensonges*, Presses de SciencesPo, Paris 2010.

Ruffolo Giorgio, *Crescita e sviluppo. Critica e prospettive*, in «Etica ed economia», n. 1, 2007.

Sachs Wolfgang (a cura di), *The Development Dictionary. A Guide to Knowledge as Power*, Zeta Books, London 1992 [trad. it. *Dizionario dello sviluppo*, Gruppo Abele, Torino 1998; nuova ed. Ega, Torino 2004].

– Esteva Gustavo, *Des ruines du développement*, Ecosociété, Montréal 1996.

Sahlins Marshall, *Stone Age Economics*, Tavistock, London 1974 [trad. it. *Economia dell'età della pietra*, Bompiani, Milano 1980].

Saincy Bernard e Flipo Fabrice, *Cgt et Amis de la Terre. Quels compromis possibles?*, in «Cosmopolitiques», n. 13, 2006.

Séguela Jacques, *L'argent n'a pas d'idées, seules les idées font de l'argent*, Seuil, Paris 1993.

Signalet Jean, *L'alimentation ou la troisième médecine*, L'Œil, Paris 2004.
Singleton Michael, *Patrimoine (in)humain?*, in *Patrimoine et co-développement durable en Méditerranée occidentale*, atti del seminario internazionale (Tunisi- Hammamet, 23-27 maggio 2000), Institut National du Patrimoine, Tunis 2001.
– *Un anthropologue entre la nature de la culture et la culture de la nature*, in «Population et développement», n. 9, 2001.
Stiegler Bernard, *L'époque du psychopouvoir... entre la honte et le mépris*, in «La pensée de midi», n. 24-25 (*Le mépris*), maggio 2008.
Sullo Pierluigi, *Postfuturo*, Carta / Intra Moenia, Napoli 2008.
Taibo Carlos, *En defensa del decrecimiento. Sobre capitalismo, crisis y barbarie*, Catarata, Madrid 2008.
Tainter Joseph A., *The Collapse of Complex Societies*, Cambridge University Press, Cambridge 1988.
Tertrais Jean-Pierre, *Du développement à la décroissance. De la nécessité de sortir de l'impasse suicidaire du capitalisme*, Monde Libertaire, Paris 2004, nuova ed. 2006.
Thoreau Henry David, *La désobéissance civile* [1849], Mille et une nuits, Paris 2000 [trad. it. *Disobbedienza civile*, SE, 1992].
Thuillier Pierre, *La grande implosion*, Fayard, Paris 1995 [trad. it. *La grande implosione*, Asterios, Trieste 1997].
Traoré Aminata, *Le viol de l'imaginaire*, Fayard / Actes Sud, Paris / Arles 2002 [trad. it. *L'immaginario violato*, Ponte alle Grazie, Milano 2002].
Vaneigem, Raoul, *Pour l'abolition de la société marchande pour une société vivante*, Payot & Rivages, Paris 2002.
Viveret Patrick, *Reconsidérer la richesse*, L'Aube, Paris 2003 [trad. it. *Ripensare la ricchezza. Dalla tirannia del Pil alle nuove forme di economia sociale*, TerrediMezzo, Milano 2005].
Wilson Edward O., *The Diversity of Life*, Belknap Press, Cambridge (Mass.) 1992 [trad. it. *La diversità della vita. Per una nuova etica ecologica*, Rizzoli, Milano 2009].
Yaku (Associazione), *La rivoluzione dell'acqua. La Bolivia che ha cambiato il mondo*, Carta, Roma 2008.

Questo libro è stampato col sole

Azienda carbon-free